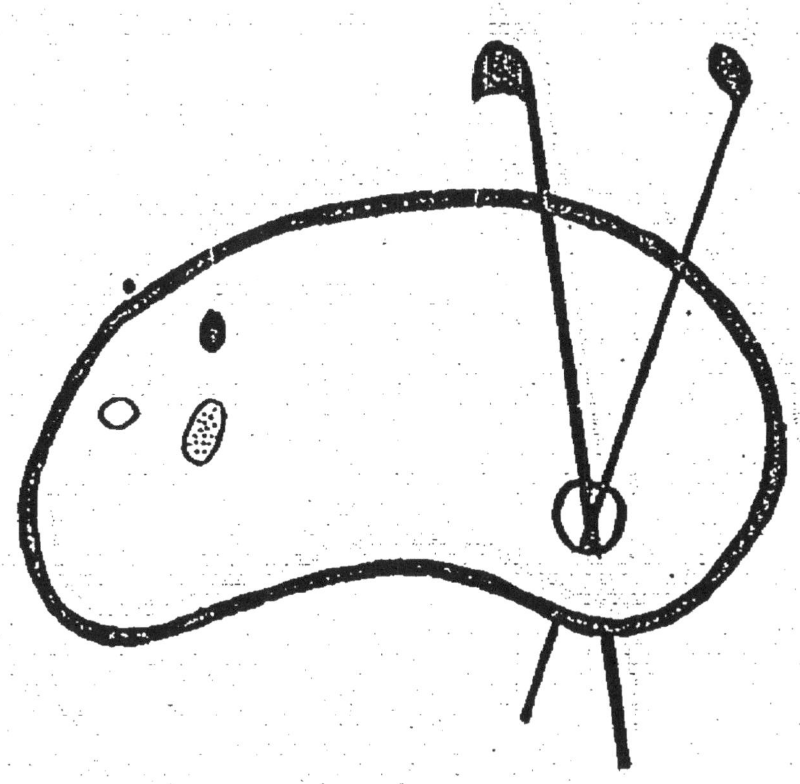

AF475747

Couverture inférieure manquante

CIALISTE (Section Française de l'Internationale Ouvrière)

Congrès National

TENU A NANCY

les 11, 12, 13 et 14 Août 1907

MPTE RENDU STÉNOGRAPHIQUE

Au Siège du Conseil National

16, rue de la Corderie

PARIS (3e)

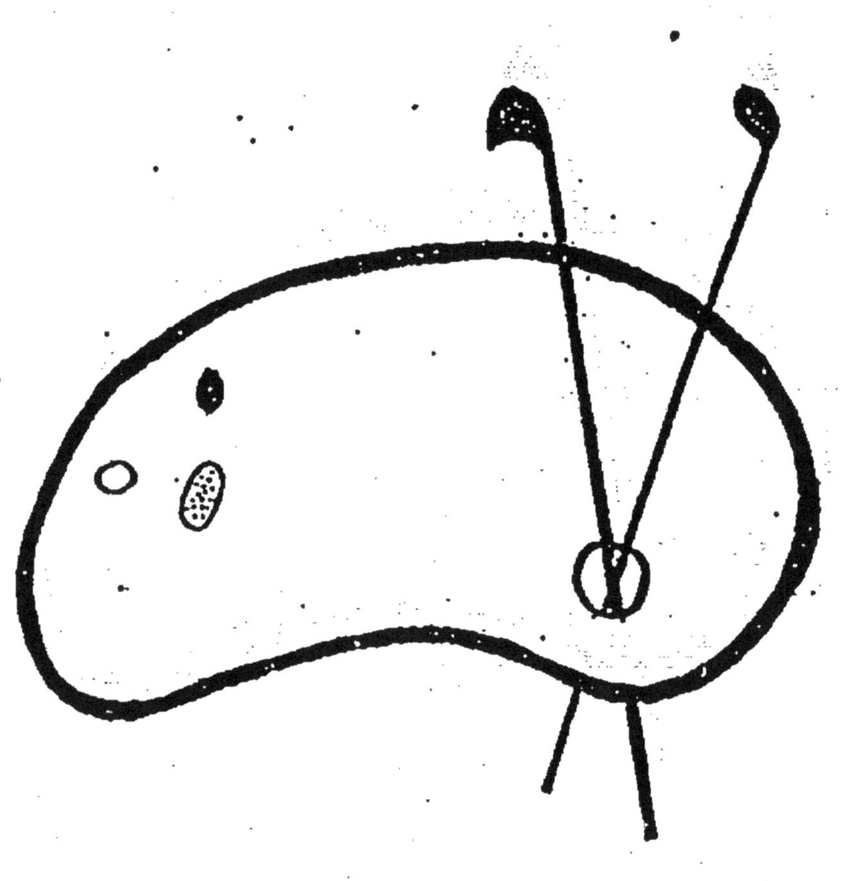

FIN D'UNE SERIE DE DOCUMENTS
EN COULEUR

4e CONGRÈS NATIONAL

Tenu à Nancy

les 11, 12, 13 et 14 Août 1907

PARTI SOCIALISTE (Section Française de l'Internationale Ouvrière)

4e Congrès National

TENU A NANCY

les 11, 12, 13 et 14 Août 1907

COMPTE RENDU STÉNOGRAPHIQUE

Au Siège du Conseil National
16, rue de la Corderie
PARIS (3e)

CONVOCATION

Le IVᵉ Congrès National du Parti Socialiste (Section Française de l'Internationale Ouvrière) se tiendra à Nancy.

Conformément à la décision du Conseil National du 2 Juin dernier, le Congrès s'ouvrira le *Dimanche 11 Août* et se continuera les *Lundi* 12, *Mardi* 13, *Mercredi* 14, pour se terminer le *Jeudi* 15 *Août*.

L'ordre du jour provisoire a été ainsi fixé par le Conseil National :

1° Rapports du Conseil National (Secrétariat, Trésorerie, *Socialiste*, Librairie) et des Fédérations ;

2° Rapport du Groupe Socialiste au Parlement ;

3° Rapport des Délégués au Bureau Socialiste International ;

4° Le Congrès International de Stuttgart.

ORDRE DU JOUR :

I. Fixation de l'ordre du jour ;

II. Règlement de l'Organisation internationale (Congrès, Bureau Socialiste International, Conférence Interparlementaire) ;

III. Le Militarisme et les conflits internationaux ;

IV. La Politique coloniale ;

V. Les Partis Socialistes et les Syndicats ;

VI. Le Suffrage des femmes ;

VII. Emigration et immigration.

5° Modifications aux Statuts;
Article 5 (Fédération des Alpes-Maritimes);
Article 15 (Fédération de la Dordogne) ;

Article 21 (modification) ; suppression des articles 23 et 28 (Fédération de la Dordogne) ;
Articles 21 et 23 (Fédération de l'Aube) ;
Article 39 (modification et addition) (Fédération du Nord).

6° Le prélèvement sur l'indemnité parlementaire (Fédération de la Seine) ;

7° De la collaboration des élus aux journaux étrangers au Parti (Fédération de Seine-et-Oise);

8° Sur l'impression des brochures et circulaires du Parti (Fédération de Seine-et-Oise) ;

9° Sur l'enseignement primaire (Fédération de Seine-et-Oise) ;

10° Du cumul des fonctions électives (Fédération de la Somme) ;

11° Interdiction aux membres du Parti de solliciter ou d'accepter des décorations (Fédérations des Ardennes, de Seine-et-Oise et du Loir-et-Cher) ;

12° De la propagande dans les milieux maritimes (Fédération de Bretagne) ;

13° Congrès privé (Fédération du Nord) ;

14° Sur les Syndicats de fonctionnaires (Fédération de la Corrèze) ;

15° Le programme municipal du Parti (Fédération de Seine-et-Oise) ;

16° De la propagande dans les milieux agricoles ;

17° La Franc-Maçonnerie et le Parti (Fédération de Saône-et-Loire) ;

18° De la signature des élus et du droit des groupements auxquels ces élus appartiennent d'en disposer ;

19° Election de la Commission Administrative Permanente ;

20° Désignation du siège du Congrès National de 1908.

Fédérations représentées

Ain (2 mandats). — Rollin.
Aisne (5 mandats). — Marius André, Chobeaux, Jean Longuet, Picavet, Ringuier.
Algérie (1 mandat). — Trelluyer.
Allier (4 mandats). — Paul Constans, Charles Dumas.
Alpes (2 mandats). — Antiq, Chatenier.
Alpes-Maritimes (3 mandats).— Glas, Maffert, Sic.
Ardennes (3 mandats). — Demoulin, Lassalle.
Ariège (1 mandat). — Carol.
Aube (6 mandats). — Corgeron, Moire, Léandre Nicolas, Osmin.
Aude (2 mandats). — Duc-Quercy.
Aveyron (3 mandats). — Béjambes, Mazars, citoyenne Sorgue.
Bouches-du-Rhône (6 mandats). — Bon, Carlier, Puy.
Bretagne (6 mandats). — Boyer, Brunellière, Vaillant.
Charente (2 mandats). — Rippe.
Charente-Inférieure (2 mandats). — Antoine.
Cher (3 mandats). — Laudier.
Corrèze (2 mandats). — Paul Melgrani, Orliange.
Côte-d'Or (3 mandats). — Jaurès.
Creuse (2 mandats). — Delny.
Dordogne (4 mandats). — Marcel Cachin, Clément Michel.
Doubs (2 mandats). — Baigue, Miglaud.
Drôme-Ardèche (4 mandats). — Defuides, Hubert Lagardelle.
Eure-et-Loir (2 mandats). —Durosay, Rappoport.
Gard (9 mandats). — Michel Anastasy.
Haute-Garonne (6 mandats). — Desbals, Donyau, Mandement, Rogalle.

Gascogne (2 mandats). — Monties.

Gironde (8 mandats). — Dondicol, Dumont, Socolovert.

Hérault (5 mandats). — Bénézech, Birot, Rappoport, Sauvan.

Indre (1 mandat). — Mongerot.

Indre-et-Loire (3 mandats). — Restiaux.

Isère (5 mandats). — Bræmer, Gallon, citoyenne Roussel.

Jura (2 mandats). — Citoyenne Tarbouriech, Tarbouriech.

Landes (2 mandats). — Lauche.

Loir-et-Cher (2 mandats). — Jean Lorris.

Loire (4 mandats). — Besson, Martel, Piégay.

Haute-Loire (1 mandat). — Odru.

Loiret (1 mandat). — Dinard.

Lot-et-Garonne (2 mandats). — Fieux.

Lozère (2 mandats). — Collignon, Roland.

Maine-et-Loire (2 mandats). — Ducos de la Haille, Grossein.

Marne (4 mandats). — Pérot.

Haute-Marne (3 mandats). — Norange, Parat, Emile Thomas.

Meurthe-et-Moselle (2 mandats). — Jourdan, Uhry.

Nièvre (4 mandats). Roblin, Willm.

Nord (44 mandats). — Bracke, Delory, Durre, Jules Guesde, Lefebvre, Mélin, Picavez, Rassel, Victor Renard, Vandorme.

Basse-Normandie (3 mandats). — Amilcare Cipriani, Poisson.

Oise (4 mandats). — Besse, Brulé, Compère-Morel, Coste.

Pas-de-Calais (11 mandats). — Ferrand, Prévost.

Puy-de-Dôme (5 mandats). — Costes, Claussat, Pradel, Alexandre Varenne, Baptiste Varenne.

Basses-Pyrénées (2 mandats). — Cabannes.

Pyrénées-Orientales (2 mandats). — Deslinières, Payra.

Rhône (5 mandats). — Goigoux, Emmanuel Lévy, Marietton, Novel, Rognon.

Saône-et-Loire (6 mandats). — Bouveri, Théo Bretin, Raquillet.

Sarthe (2 mandats). — Heuzé, Hoyer.

Deux-Savoies (2 mandats). — Citoyenne Pelletier.

Seine (33 mandats). — Allemane, Aulagnier, Benon, Bernard, Besombes, Beuchard, Bruckère, Cambier, Chéradame, Collignon, Désirat, Dubreuilh, Ducos de la Haille, Dupond, Fiancette, Gauthiot, Gautrin-Giot, Goudchaux-Brunschwicg, Groussier, Guérin, Guyot, Hesse, Lafont, Landrin, Lauche, Lavaud, Lévy, Mours, Paquier, Révelin, Stainmes, Susini, Vaillant.

Seine-et-Marne (3 mandats). — Boyer, André Morizet, Renoult.

Seine-et-Oise (8 mandats. — Garnier, Gérard, Lafargue, Levasseur, Pierre Louis.

Seine-Inférieure (2 mandats). — Nordet, Renaudel.

Deux-Sèvres (2 mandats). — Henri de la Porte.

Somme (4 mandats). — Becquerelle, Myrens.

Tarn (5 mandats). — Jaurès, Roché, Rouanet.

Var (4 mandats). — Citoyenne Pelletier, Reuter.

Vaucluse (5 mandats). — Abram, Chave, Silvestre.

Vienne (2 mandats). — Albert Thomas, Georgel.

Haute-Vienne (6 mandats). — Pierre Bertrand, Léon Betoulle, Jean Parvy.

Vosges (5 mandats). — Dreyfus, Pernot, Piton, Tachet.

Yonne (3 mandats). — Camélinat, Gustave Hervé, Perceau.

Rapports du Conseil National

1° Secrétariat.

L'année qui s'achève aura été pour le Parti, au point de vue de son recrutement et de son organisation, moins une période de vaste expansion, aucune occasion ne lui ayant été donnée de prendre largement contact avec la grande masse des travailleurs, qu'une période de consolidation et de préparation. Les différentes Fédérations, la majorité du moins d'entre elles, se sont attachées et ont réussi à retenir les éléments nouveaux qu'elles avaient amenés à elles au cours de la campagne électorale législative générale de mai 1906 et à les faire leurs expressément et définitivement.

La preuve tangible de cette consolidation, de ce raffermissement des forces du Parti se trouve dans le tableau que nous publions ci-joint. Si l'on veut mettre à côté des chiffres exprimant la situation au présent exercice, les chiffres se référant à l'exercice précédent, une comparaison instructive pourra s'établir.

En consultant ce tableau, nos camarades seront frappés de suite par ce fait que le nombre des cartes au millésime 1907, délivrées par l'organisme central, accuse une légère baisse sur le nombre de cartes portant le millésime 1906 et délivrées la précédente année ; mais ils ne se laisseront pas abuser par cette baisse qui n'est qu'une apparence.

D'une part, en effet, en raison de la tenue plus hâtive du Congrès qui a lieu, cette année, trois mois plus tôt que de coutume, l'exercice actuel ne porte que sur neuf mois au lieu de porter sur douze mois, comme en 1906, et les prévisions les moins optimistes nous autorisent à affirmer qu'à la date du 1er octobre, le chiffre brut de 1906 sera largement dépassé. D'autre part, c'est moins aux cartes prises dans leur totalité qu'aux cartes revêtues du nombre de timbres réglementaires et entrant conséquemment en ligne de compte pour le calcul des mandats au Congrès que l'attention des camarades doit s'attacher. Ces cartes seules décèlent, en réalité, les fluctuations qui se sont produites.

De ce dernier point de vue, qui est le vrai, le progrès est manifeste. Au Congrès précédent, 43.462 cartes seulement entraient en ligne de compte.

Au Congrès actuel, c'est 48.237 cartes qui seront représentées. Soit une augmentation de près de 5.000 cartes accusant un gain correspondant de près de 5.000 adhérents. Ces 48.237 cartes appartiennent, en effet, à des militants ayant cotisé régulièrement, ayant rempli l'obligation essentielle et première qui fait d'un travailleur un membre actif et réel de l'organisation de la classe ouvrière sur le terrain politique.

Le progrès que nous signalons s'accusera mieux encore si nous rappelons les chiffres fournis pour les quatre Congrès tenus par le Parti depuis sa fondation (avril 1905), et les comparons. Au Congrès de Paris, tenu à la salle du Globe, en avril 1905, il y avait 34.688 adhérents constatés. Au Congrès de Chalon (novembre 1905), il y en avait 40.000. Un an après, au Congrès de Limoges (novembre 1906), 43.462, comme nous venons de le mentionner. Cette année, il s'en trouvera au Congrès de Nancy (août 1907), 48.237. Le Parti a donc gagné exactement 4.875 membres depuis le mois d'octobre dernier et 13.594 membres depuis le Congrès de fondation, il y a un peu plus de deux années.

Cet accroissement a porté sur les deux tiers environ des Fédérations. Si l'on se réfère au tableau annexé, on y constatera que 43 sont en progrès sur l'année passée, alors que 25 seulement sont en recul et certaines de ces dernières au surplus pour des chiffres presque insignifiants.

Les Fédérations qui ont le plus notablement grandi sont, en première ligne, le Pas-de-Calais, qui a plus que doublé ses effectifs, passant de 932 cartes à 1.920. Dans la même catégorie, se rangent l'Isère, qui monte de 247 adhérents à 850 ; le Puy-de-Dôme, qui monte de 170 adhérents à 825 ; les Vosges, qui s'élèvent de 165 adhérents à 784 ; la Haute-Vienne, qui s'élève de 503 adhérents à 1.084 ; les Landes, qui montent de 40 adhérents à 138.

Le Nord gagne 400 membres ; l'Aisne, 211 ; les Ardennes, 273 ; la Bretagne, 340 ; le Cher, 182 ; la Creuse, 122; la Dordogne, 130; la Drôme et l'Ardèche, 191; la Haute-Garonne, 316; la Gironde, 299; l'Indre-et-Loire, 177 ; la Loire, 283 ; la Haute-Marne, 115 ; l'Oise, 251 ; les Basses-Pyrénées, 109 ; la Saône-et-Loire, 171 ; la Seine-et-Marne, 137 ; la Seine-et-Oise, 188 ; le Vaucluse, 156.

Beaucoup de ces résultats, éminemment réconfortants, étaient escomptés, mais ils n'en sont pas moins à souligner à l'honneur des Fédérations qui les ont atteints.

Autre observation qui a sa valeur, puisqu'elle marque, d'une façon péremptoire, que la faculté cotisante va grandissant sans cesse.

Au dernier Congrès, 15 Fédérations ont vu entrer en ligne de compte la totalité de leurs cartes parce que revêtue de la quantité de timbres exigée, soit 8 timbres pour douze mois. 34 Fédérations, plus du double, seront, cette année, dans ce cas. Un dernier chiffre global, enfin, est à retenir, se rapportant encore à la prise des timbres. Tandis que la prise mensuelle n'avait été que de 30.667 unités, elle est, cette année, de 37.402 unités.

La situation générale du Parti est donc satisfaisante et autorise à penser que les élections municipales générales prochaines le trouveront prêt à l'action et lui permettront de toucher et d'enrôler de nouveaux contingents prolétaires. Les Fédérations qui ont pris les devants cette année, comme celles du Pas-de-Calais, de l'Isère, du Puy-de-Dôme, de la Haute-Vienne, des Vosges, ne voudront pas être distancées.

Les autres, momentanément stagnantes, telles que la Seine, le Rhône, l'Allier, ou en recul, tiendront à acquérir et garder ensuite la place qu'elles se doivent normalement d'occuper.

Enfin, il appartiendra à l'organisme central de stimuler les jeunes et faibles Fédérations qui ont encore sommeillé cette année et n'ont même pas acquitté vis-à-vis du Parti, par la prise de timbres, leurs obligations élémentaires. Ces dernières ont été au nombre de six : Cantal, Corse, Guyane, Martinique, Meuse, Haut-Rhin, qui, en conséquence, n'ont pas droit de représentation au présent Congrès.

Par contre, les Fédérations de l'Ariège et de la Vendée, non représentées au précédent Congrès, le seront à celui-ci et il en sera de même de la Fédération de la Guadeloupe, dont le secrétaire a demandé, en date du 10 juin, l'inscription aux contrôles, si le Congrès, conformément à l'avis favorable qu'a émis la Commission administrative permanente, en décide en ce sens.

Enfin, deux Fédérations nouvelles, constituées au cours de l'année, seront présentes : celle de la Sarthe, qui s'est formée par séparation de la Fédération de Basse-Normandie, et celle entièrement neuve du Loir-et-Cher.

Propagande

Comme pour les précédentes années, nous répéterons ici que l'organisme central et sa Commission Administrative Permanente n'ont pu assurer aux Fédérations et aux Sections, sur le terrain de la propagande, tout le concours qui lui a été réclamé. Au fur et à mesure que le Parti étend sa sphère d'action, qu'il progresse, il sent davantage le besoin d'intensifier son action, de porter son effort dans les régions demeurées vierges, non seulement dans les villes, dans les grands centres, mais jusque dans les bourgs les plus reculés, où végètent et souffrent aussi des prolétaires ployant sous le joug de l'exploitation capitaliste, et ses ressources en argent demeurent au-dessous de son bon vouloir. Là où les Fédérations échouent, l'organisme central, qui ne vit guère qu'avec les fonds que celles-ci lui procurent, ne peut faire beaucoup mieux et dispenser toujours le concours qui serait indispensable. C'est que les besognes qui s'imposent à l'organisme central sont multiples et presque accablantes. Il se doit, par ses représentants, ses orateurs, ses « meneurs », partout où il est appelé par eux, de soutenir les grévistes sur le champ de combat; il se doit, non moins, d'aider partout où ils sont engagés dans une lutte électorale, les camarades qui souvent font campagne au prix de leur situation, de leur pain. Il se doit encore, en dehors de ces périodes d'agitation, de porter la parole socialiste partout où il peut, et aussi souvent qu'il le peut, à la ville comme au village, parmi les travailleurs de l'industrie comme parmi les travailleurs des champs.

Il se doit, enfin, de provoquer, de favoriser les manifestations d'ensemble suscitées par les événements politiques mêmes, par les exactions et les crimes de l'Etat, du gouvernement, représentant armé de la classe capitaliste. Comment suffire à une œuvre si étendue et si vaste et qui ne permet pas que l'on reprenne haleine, même un instant ? Il est inévitable qu'à certaines occasions, dans certaines circonstances données, l'organisme central ne puisse fournir tout l'effort qui conviendrait, parer à toutes les nécessités, à toutes les requêtes, jouer le rôle d'infaillible et d'universelle providence.

Que les camarades prennent donc en considération la modicité des moyens dont, en somme, il dispose, qu'ils se disent bien qu'il ne peut leur rendre en services, en dévouement, que ce qu'ils lui donnent eux-mêmes, et qu'ils excusent s'il y a eu, par occasion, des défaillances et des mécomptes.

L'institution des délégués permanents a achevé de faire cette année ses preuves d'utilité et d'excellence.

L'œuvre de propagande générale a été en grande partie conduite par nos délégués permanents Cachin, Renaudel et Roldes qui ont pu, à eux trois, satisfaire, si ce n'est pour la dernière période, celle des Congrès fédéraux qui ont précédé et qui vont précéder encore le Congrès national, à toutes les demandes transmises par les Fédérations.

Parmi celles-ci, près d'une trentaine ont été visitées et parcourues en tout sens durant les sept mois qui se sont écoulés depuis le dernier Congrès, par nos infatigables délégués. Ce sont :

Par Cachin : en novembre : l'Oise, les Vosges ; en décembre : les Landes, les Alpes-Maritimes ; en janvier : le Gard ; en février ; la Vienne, les Landes, les Basses-Pyrénées ; en mars : les Alpes-Maritimes ; en avril : l'Eure-et-Loir, l'Oise, la Bretagne, la Sarthe ; en mai : l'Aveyron, le Puy-de-Dôme, l'Allier, la Somme, la Dordogne, l'Aisne.

Par Renaudel : en novembre : le Pas-de-Calais ; en décembre : la Seine-Inférieure et l'Eure, la Basse-Normandie, l'Eure-et-Loir ; en janvier : les

Alpes, les Ardennes ; en février : l'Yonne ; en mars: la Bretagne, le Pas-de-Calais ; en avril : le Loiret, la Seine-et-Marne, la Somme ; en mai : les Deux-Savoies, l'Aveyron.

Par Roldes : en novembre : la Seine-et-Oise ; en décembre : les Landes, l'Hérault ; en janvier : le Gard ; en février : l'Hérault ; en mars : l'Indre-et-Loire ; en avril : le Vaucluse, le Pas-de-Calais, la Charente-Inférieure ; en mai, la Haute-Garonne, la Creuse, la Drôme et l'Ardèche.

Les réunions accomplies par les délégués permanents depuis le 4 novembre 1906 jusqu'au 2 juin 1907, soit en huit mois ou 210 jours, forment un total de 297 réunions, dont 111 à l'actif de Renaudel, 105 à l'actif de Cachin, et 91 à l'actif de Roldes.

Ces chiffres sont naturellement appelés à subir des modifications puisqu'au jour du Congrès il nous sera permis de faire état en plus de la propagande effectuée par nos trois camarades, durant les mois de juin et de juillet.

Aux propagandistes attitrés du Parti, il convient d'ajouter les propagandistes volontaires, qui les ont soulagés dans leur besogne, en répondant à l'appel des Fédérations, qui sinon n'auraient pu être servies aussi rapidement et complètement.

Parmi ces propagandistes, il convient de citer en première ligne : Poisson, avec 109 conférences ; Cabannes, avec 47 ; Compère-Morel, avec 10 ; Roland, Osmin, Corgeron, ont aussi accepté plusieurs fois des délégations temporaires qui ont facilité à l'organisme central l'intensification de son action.

En dehors des militants dont nous venons de chiffrer à l'instant la propagande, ont participé : Longuet, à 17 réunions ; Roland, à 12 ; Osmin, à 9 ; Révelin, Corgeron, M. André, à 7 ; Myrens, à 5 ; Dormoy, Roubanovitch, Uhry, Duc-Quercy, à 3 ; Voilin, Lauche, Dariaux, Pédron, Baylet, à 2; citoyenne Roussel, Chauvelon, Deslandres, Lignières, Bracke, Louis Dubreuilh, De la Porte, Nadi, Grados, Lesesne, Hervé, Cathala, Lafargue, Landrin, Jean Martin, Norange, à 1.

Par le fait du fonctionnement du tableau de roulement, mais en raison aussi et surtout du dévouement manifesté par certains élus qui se sont mis avec empressement, en dehors de leur tour d'inscription au servic edu Conseil National, le Groupe socialiste au Parlement a apporté un très sérieux appoint à l'œuvre de propagande générale.

277 délégations ont été, à la connaissance du secrétariat, remplies par les membres du groupe dans des Fédérations étrangères à la leur et, conformément au mandat qu'ils en avaient reçu de l'organisme central. Ces 277 délégations, nous l'indiquons, comme nous l'avons fait pour la propagande des délégués permanents, ne portent que sur la période comprise entre le 1er novembre 1906 et le 2 juin 1907.

Ont participé : Carlier, à 37 réunions ; Ghesquière, à 25 ; Dubois, à 21 ; Alexandre Blanc, Willm, à 14 ; Jaurès, à 12 ; Allemane, à 11 ; Betoulle, Varenne, à 10 ; Constans, Roblin, à 7 ; Durre, Groussier, à 7 ; Bedouce, Cadenat, Meslier, à 6 ; Bénézech, Bouveri, Dejeante, Delory, Thivrier, à 5 ; Coutant, Fiévet, Guesde, Rouanet, Sembat, à 4 ; Fournier, Marietton, Melin, à 3 ; Chauvière, Franconie, Nicolas, Rozier, Véber, Vaillant, à 2 ; Albert Poulain, Aldy, Allard, Pastre, à 1.

Cette récapitulation, nous le répétons, n'est que provisoire. Elle sera complétée au Congrès par le décompte des réunions accomplies depuis le 2 juin et par les rectifications que nous sollicitons de la part des intéressés. La Commission Administrative Permanente est la première à savoir, en effet, que les secrétaires des groupements locaux négligent souvent de porter à sa connaissance les délégations qui ont été remplies.

Le fonctionnement du tableau de roulement, si imparfait encore qu'il ait été, a permis d'assurer la représentation du Parti sur tous les champs de grève où le concours des élus socialistes avait été nettement réclamé par le Comité de grève, d'accord avec les groupements locaux socialistes. Ainsi, à Saint-Claude (Jura), Saint-Jean-en-Royans (Drôme), et plus spécialement aux grandes grèves de Fougères et de Flers, cette dernière encore en cours. A Fougères, le Parti a été représenté presque sans interruption auprès des grévistes et l'on a pu voir, pour la première fois, depuis bien longtemps, les élus du prolétariat prendre contact avec les prolétaires en révolte et les appuyer dans leurs directes revendications. A Flers, le même spectacle nous est présentement donné. Ajoutons, puisque nous parlons de grèves, que les délégués non élus du Parti ont aussi largement payé de leur personne à ces occasions. C'est ainsi que Poisson a passé plus de trente jours parmi les grévistes de Fougères et presque autant parmi les grévistes de Flers. C'est ainsi encore que, postérieurement au 2 juin, Compère-Morel a rempli, auprès des travailleurs agricoles de la Brie, en grève, une mission temporaire de huit jours et Victor Renard, auprès des tisseurs de Flers, une mission de huit jours aussi. Enfin, Renaudel, au cours d'une tournée dans la Fédération de l'Aveyron, a passé trois jours parmi les fromagers de Roquefort, au cours de leur dernière grève.

Le tableau de roulement a facilité également à la Commission Administrative Permanente la tâche qui lui incombait d'apporter l'aide dont elle dispose aux groupes et aux sections engagés dans une campagne électorale. Cette aide s'est surtout manifestée à l'occasion des élections municipales de Levallois-Perret, des élections cantonales de Nogent-le-Roi, Mormant, Saint-Etienne et des élections législatives de Montpellier et de Saint-Quentin.

Action électorale.

Nous voici conduits ainsi à envisager l'action électorale du Parti.

Cette action, en raison des faits eux-mêmes, n'a pu être que fragmentaire. Nombre de Fédérations sont cependant entrées en lutte pour une circonstance ou une autre.

Les campagnes, dont communication avec les résultats a été faite au secrétariat de l'organisme central, ont porté :

Elections sénatoriales : dans les départements des Ardennes, où le candidat Philippe a réuni 127 voix ; en Seine-et-Oise, où le candidat Vogt a groupé 11 voix ; dans la Seine, où le candidat Cambier a recueilli 84 voix au premier tour, 62 au deuxième tour et 92 au troisième tour.

Elections législatives : dans la deuxième circonscription de Montpellier, où le citoyen Reboul a obtenu 1.913 voix, gagnant plus de 400 suffrages sur l'élection de l'année précédente, et dans la première circonscription de Saint-Quentin, où le citoyen Léon Ringuier a obtenu 7.250 voix au premier tour et 8.662 au second tour, échouant de 50 voix à peine devant son concurrent qui avait fait sur son nom la concentration de toutes les forces bourgeoises.

Elections cantonales : à Nogent-le-Roi (Eure-et-Loir), Teton, candidat; à Mormant (Seine-et-Marne), Trony, candidat ; à Gaillac (Tarn), Sabin, candidat ; à Nogent (Seine), Caron, candidat ; à Saint-Etienne (Loire), F. Faure, candidat ; à Lannoy (Nord) ; à Claye-Souilly (Seine-et-Marne), Lasseure, candidat.

A été élu le citoyen Sabin, à Gaillac. Le citoyen Faure, à Saint-Etienne, dans le fief du transfuge Briand, était arrivé premier au premier tour et a failli l'emporter au deuxième tour, malgré la défection des faux républicains.

Elections municipales : dans six quartiers de Paris, avec un élu, le citoyen Brunet, dans le quartier des Epinettes ; à Levallois-Perret (Seine) ; à Maraussan (Hérault), où la liste du Parti a passé entière; à Chalon (Saône-et-Loire); à Fougères (Ille-et-Vilaine), où le citoyen Vaillant, secrétaire du groupe, a été élu à une élection complémentaire survenue après la grande grève ; à Fargniers (Aisne), où les camarades l'ont emporté ; à la Ricamarie (Loire), sur les terres du propre ministre de l'Instruction publique et des Cultes, où la municipalité a été également conquise par le Parti ; à Sainte-Geneviève (Oise) ; à Gabarrou (Pyrénées-Orientales) ; à Ay (Marne) ; à Emmerin (Nord) ; à Saint-Martin-le-Beau (Indre-et-Loire) ; à Athis-Mons (Seine-et-Oise); à Etival (Vosges), dans ces six dernières localités, avec un succès entier ; au Cateau (Nord).

L'époque à laquelle paraît ce rapport ne nous permet pas de faire état des élections départementales générales qui se produiront les 28 juillet et 4 août, et dans lesquelles, d'ores et déjà, plus de 300 candidats du Parti sont engagés un peu dans toutes les régions.

Action intérieure.

Le Conseil National a tenu trois réunions à la date des 13 janvier, 24 mars, 2 juin. Ces réunions ont été fréquentées chacune par une centaine de délégués. Près de la moitié des Fédérations s'est trouvée représentée à chacune de ces réunions par les titulaires (respectivement 39, 35 et 33). Ce chiffre supérieur à celui de la période correspondante avant le Congrès de Limoges, nous amène à constater une fois de plus l'intérêt pris par les Fédérations à leur Assemblée générale.

La Commission Administrative Permanente s'est réunie vingt fois, en comptant une réunion commune avec le Groupe socialiste du Parlement.

Ces réunions ont été suivies assidûment. Le nombre des présents a été de 15 en moyenne.

Une modification s'est produite dans la composition de la Commission par suite de démission. Le démissionnaire a été remplacé par le premier suppléant, le citoyen Héliès.

Le Conseil National ou en son nom la Commission Administrative Permanente ont eu à mettre en œuvre, au point de vue intérieur, les résolutions du Congrès de Limoges. C'est ainsi qu'un tableau de roulement des élus a été établi. On en a vu l'application. Le questionnaire pour l'enquête agricole a été rédigé et expédié. 20.000 exemplaires ont été distribués par les soins des secrétaires des Fédérations.

De nombreuses réponses sont déjà parvenues entre les mains des camarades chargés de les centraliser, et le Parti pourra bientôt commencer un examen d'ensemble de la situation agricole en France, examen dont l'importance est encore soulignée par les événements dont le Midi a été le théâtre.

La Commission s'est également préoccupée d'assurer l'édition du compte rendu des débats du Congrès de Limoges. Elle n'a pu, pour des raisons matérielles, y procéder avec toute la célérité désirable. Elle soumettra au Congrès des propositions destinées à parer dans l'avenir aux difficultés qu'elle a rencontrées.

D'autre part, le Conseil National s'est occupé de deux questions qui, à des titres divers, intéressent le développement du Parti : le concours à donner au journal l'*Humanité* et l'augmentation de l'indemnité parlementaire.

En ce qui concerne l'*Humanité*, le Conseil National votait, le 13 janvier, deux résolutions signées : l'une, par Vaillant et Renaudel, l'autre, par Tanger et Allemane et dont nous rappelons le texte :

1° Le Conseil National ;

Après avoir entendu les explications fournies au nom du journal l'*Humanité;* après avoir pris acte de la volonté affirmée par les représentants de ce journal de mettre ledit organe à la disposition du Parti et de la classe ouvrière;

Affirme toute sa sympathie pour ce journal qui est, à l'heure actuelle, le seul quotidien central représentant le socialisme et les intérêts de la classe ouvrière;

Invite tous les groupes et militants à faire partout, et dans toutes les réunions du Parti, les efforts les plus énergiques pour développer l'*Humanité* en lui assusurant des lecteurs et des abonnés nouveaux;

2° La Commission Administrative Permanente est chargée d'étudier les conditions dans lesquelles le Parti pourra intervenir dans l'administration et la direction du journal l'*Humanité.*

S'inspirant de ces résolutions, la Commission Administrative Permanente désignait ses trois secrétaires, Bracke, Dubreuilh et Renaudel et les citoyens Lafargue, Lauche et Tanger pour représenter le Parti au Conseil d'administration de l'*Humanité*. Ces désignations, en même temps que celle du citoyen Voilin, étaient confirmées par le Conseil national du 24 mars, qui invitait à nouveau les militants et les organisations socialistes à rechercher tous les moyens de développer l'action du journal.

Enfin le 2 juin, sur la proposition de Vaillant, le Conseil National chargeait la C. A. P. d'adresser aux Fédérations une circulaire leur donnant les instructions nécessaires en vue d'organiser la propagande pour le développement de l'*Humanité*. Cette circulaire a paru au *Socialiste*.

Le rapporteur, nommé par la C. A. P., pour rendre compte du mandat des délégués du Parti au Conseil d'administration de l'*Humanité*, dira quels ont été les résultats de l'action entreprise sur ce point et ce qu'il est permis d'en attendre encore.

L'augmentation de l'indemnité parlementaire a donné lieu à trois discussions devant le Conseil National.

Rappelons d'abord qu'à la Chambre, le Groupe avait soutenu une motion préjudicielle de Jaurès et un amendement de Betoulle qui avaient pour but, l'une de permettre au pays de se prononcer en connaissance de cause et à la Chambre de suspendre l'effet de son vote précédent, l'autre de ramener l'indemnité parlementaire au taux de 9.000 francs. Ces deux motions étaient repoussées par la Chambre.

Au préalable, le Groupe avait adopté une motion de Guesde-Jaurès-Varenne, ainsi conçue :

Au cas où le relèvement de l'indemnité parlementaire serait maintenu par la Chambre, l'augmentation de 6.000 francs sera mise par les élus, membres du Groupe, à la disposition du Parti, qui aura à décider, d'accord avec les élus, du meilleur emploi à en faire.

C'est en conformité avec cette résolution que le Conseil national, réuni le 13 janvier, avait, une première fois, à s'occuper de la question.

Il adoptait, à la majorité de 84 voix contre 41, le principe d'un prélèvement de 3.000 francs, et, par 75 voix contre 32 et 18 abstentions, il votait les deux résolutions suivantes :

1° L'organisme qui a fait les frais électoraux de l'élu et qui fait face aux obligations contractées par lui, peut demander à cet élu une contribution qui ne pourra pas dépasser 1.800 francs par an.

Si cet organe n'est pas la Fédération, celle-ci aura droit à une contribution qui ne pourra pas dépasser 300 francs et la contribution ci-dessus sera diminuée d'une somme égale.

2° La Commission Administrative recherchera la meilleure utilisation des 1.200 francs, qui seront, à partir de janvier, centralisés par le trésorier du Groupe socialiste au Parlement et transmis à la C. A. P., pour être mis à la disposition du C. N., en vue d'intensifier l'organisation et la propagande générale.

Elle soumettra ses propositions à la prochaine réunion plénière du C. N.

Le 24 mars, le Conseil National avait à se prononcer entre les propositions qui tendaient à répartir entre les Fédérations les sommes provenant de l'indemnité parlementaire, et la proposition qui remettait à l'organisme central le soin d'utiliser, au mieux des intérêts du Parti, les disponibilités nouvelles.

Le Conseil National adoptait, par 63 voix contre 27 et 16 abstentions, la résolution suivante :

Les 1.200 francs non encore affectés sur la contribution des élus parlementaires, sont mis à la disposition du C. N. pour constituer un budget spécial de propagande, s'inspirant des indications des Fédérations et de la discussion à laquelle elles ont donné lieu, à charge par la C. A. P. de présenter un projet de budget.

La Commission Administrative Permanente ne crut pas devoir faire elle-même un choix entre les indications données par les Fédérations. Il lui parut préférable de se contenter de chiffrer les dépenses qui résulteraient des créations nouvelles demandées. C'est en ce sens que le citoyen Tanger fit le rapport dont la Commission Administrative Permanente l'avait chargé.

Le 2 juin, le Conseil National était définitivement appelé à se prononcer.

Il adoptait la mise à la charge de l'organisme central des frais de propagande des délégués permanents. Il acceptait, en outre, les résolutions suivantes :

A. Le C. N. ratifiant les dépenses déjà affectées, décide d'abord d'assurer les frais de voyage d'un délégué par Fédération au C. N. et au Congrès;

Il décide d'organiser, pour suppléer les délégués permanents, un système de missions temporaires, dont les frais seront à la charge du Parti et dont le nombre sera en rapport avec les disponibilités annuelles;

Il laisse à la C. A. P., sur les propositions du C. N., le soin d'indiquer le moment où d'autres dépenses pourront être engagées.

B. Le C. N. invite la C. A. P. à assurer, dans la limite des crédits disponibles, l'envoi gratuit aux groupes :

1° Des manifestes les plus importants;

2° Des numéros du *Socialiste* contenant les comptes rendus ou documents considérés comme devant être connus de tous les groupes.

Ainsi s'est terminée la longue discussion amenée par le vote de l'augmentation de l'indemnité parlementaire. Nous savons que tous dans le Parti n'ont pas été satisfaits de toutes les solutions adoptées, mais nous pensons que celles-ci ont été cependant à la fois les plus sages et les plus utiles au développement de la propagande, et à la consolidation de l'organisation du Parti.

Le Congrès, du reste, va avoir à se prononcer en dernier ressort et mettre fin aussi à toute controverse sur cet objet.

Action publique

Depuis le Congrès de Limoges, la situation politique a fortifié et précisé le caractère d'opposition de notre Parti. Particulièrement depuis six mois, le gouvernement qui a à sa tête MM. Clemenceau Briand et Viviani a montré, par sa violence contre tout ce qui touche à l'organisation ouvrière, qu'il était bien le représentant de la bourgeoisie au pouvoir. Il a frappé sans relâche les militants ouvriers, il a poursuivi et révoqué des fonctionnaires coupables d'avoir réclamé le bénéfice d'une loi dont aucune disposition ne leur était contraire.

Dans le grand débat qui a agité toute la masse des fonctionnaires, le Parti peut se féliciter d'avoir accompli son devoir. Par un manifeste, la Commission Administrative a appelé toutes les Fédérations, toutes les sections du parti à protester contre le déni de justice dont allaient être victimes les fonctionnaires syndiqués. Les ordres du jour de solidarité ont suivi, pendant qu'au Parlemnt nos élus menaient une bataille ardente contre un ministère qui trouvait, pour l'approuver, une majorité servile.

Quelques jours après, c'était le 1er mai. Le Parti Socialiste conviait tous les siens à la grande manifestation mondiale pour la journée de huit heures et pour la paix internationale.

Cette année, comme toujours, les socialistes ont manifesté en grand nombre et ont participé aux meetings organisés à l'occasion de la grande date ouvrière. Mais en même temps leur action se reliait aux questions qui dominaient la politique de notre pays, et leur affirmation de l'idéal prolétarien fut en même temps une énergique protestation contre l'attitude du gouvernement.

Au moment même où le débat s'engageait à la Chambre sur le droit syndical des fonctionnaires, la Commission Administrative Permanente, d'accord avec le Groupe Socialiste au Parlement, signait un deuxième manifeste qui traduisait le sentiment unanime du Parti.

En face de la réaction radicale, Groupe Socialiste et Commission Administrative signalaient au pays le danger que les pratiques gouvernementales n'ont cessé de créer et de développer.

Ne comprendront-ils pas, disait le manifeste, que toutes ces provocations ont permis aux réacteurs d'amorcer et d'enfler leur campagne contre la classe ouvrière, qu'elles aboutissent à jeter les travailleurs à une politique de désespoir dont la République portera le poids, à rendre possible et certaine une nouvelle crise de boulangisme et de nationalisme ?

Qu'ont-ils fait, ceux qui sont aujourd'hui arrêtés, poursuivis pour délit d'antimilitarisme ? Ils ont invité les soldats travailleurs à ne pas tirer sur leurs frères en grève. Cela, tous les socialistes le proclament et le répéteront en face de tous les gouvernements de la bourgeoisie, quels qu'ils soient : Ne tirez pas, même si le feu vous est commandé. Dans un pareil cas, l'obéissance est un crime.

Qu'ont-ils fait, les révoqués, instituteurs, postiers ou fonctionnaires de préfecture, sinon revendiquer simplement leur droit à l'association, leur droit à la discussion, même avec ceux qui se croient leurs maîtres ? Qu'ont-ils voulu, sinon pénétrer de démocratie nos services publics imprégnés de favoritisme et d'impérialisme ?

Partout, c'est le délit d'opinion, de nouveau poursuivi comme sous l'Empire; partout sont remises en vigueur des dispositions légales que leur iniquité fondamentale avait fait tomber en désuétude.

Malgré l'effort de nos élus, la Chambre devait sanctionner de ses votes l'arbitraire gouvernemental et lui permettre de s'accentuer encore. Les expulsions de camarades étrangers, les poursuites contre les militants socialistes et ouvriers de la Creuse, les Basses-Pyrénées, dans l'Aveyron, dans la Haute-Garonne, dans les Pyrénées-Orientales, dans la Seine-Inférieure, dans la Seine, dans la Loire-Inférieure, ont marqué que partout où la volonté ouvrière s'affirmait, la bourgeoisie voulait traquer ceux qui en étaient les représentants.

Mais le gouvernement bourgeois allait avoir d'autres soucis. Dans le Midi, les masses paysannes se levaient et, en cortèges imposants, s'en allaient clamant leur misère et leur désespoir.

Le Parti Socialiste là non plus ne pouvait rester inactif. La crise économique dont souffre toute une région de la France ne pouvait le laisser indifférent, lui qui signale que l'anarchie de la production en régime capitaliste est génératrice de crises et de misères.

Dès le 2 juin, le Conseil National votait la résolution suivante :

Le Conseil National du Parti Socialiste :

Considérant que la crise de mévente et de misère dont souffrent les viticulteurs français est un effet du régime capitaliste de la production et de l'échange ;

Considérant que la fraude qui aggrave la ruine des régions viticoles est encore une des conséquences de cette anarchie économique;

Considérant que les souffrances et les crises ne disparaîtront qu'avec ce régime même, par la socialisation de la propriété et de la production;

Résolu en même temps à proposer et à soutenir toutes les mesures qui peuvent dans la société actuelle, non pas guérir mais atténuer les misères des viticulteurs;

Envoie sa sympathie et sa solidarité aux travailleurs des régions en lutte;

Se déclare prêt à appuyer toutes les dispositions législatives qui pourraient adoucir la crise du Midi, sans aggraver, en d'autres régions, le malaise économique, comme la déclaration obligatoire de la récolte, l'interdiction du sucrage pour la fabrication des vins, le dégrèvement ou même l'exonération totale du sucre pour la consommation, la suppression du privilège des bouilleurs de cru et le monopole de l'alcool;

Et rappelle à tous les prolétaires, à tous les vignerons, que ces palliatifs laisseront subsister la cause profonde de leur misère et que seul l'avènement de l'ordre socialiste leur apportera le salut.

Depuis, les événements se sont précipités, les massacres des vignerons ont montré l'affolement et l'impuissance du radicalisme au pouvoir, comme la révolte du 17e de ligne a montré que la bourgeoisie aurait tort de compter éternellement sur la passivité des travailleurs soldats pour mater les revendications populaires.

Pendant que le gouvernement, par sa presse, par ses mamelucks parlementaires, essayait de dresser région contre région, nos élus au Parlement défendaient la conception socialiste, seule capable d'harmoniser les intérêts et de fondre les antagonismes économiques.

De nouveau, la Commission Administrative Permanente et le Groupe socialiste au Parlement se réunissaient et tiraient la conclusion socialiste des événements du Midi.

A la demande des Fédérations intéressées et avec le concours des *Vignerons libres de Maraussan*, le manifeste qui est sorti de la délibération commune de la Commission et du Groupe a été affiché dans les régions meurtries par le pouvoir.

Nous ne reviendrons pas sur ce manifeste, il est encore présent à toutes les mémoires. Disons seulement qu'il a produit la plus forte impression et que nos Sections et Fédérations se sont félicitées du parti qu'elles pouvaient en tirer pour la propagande et l'extension de nos idées.

Action internationale.

Notre Parti a pris la part la plus active à toutes les délibérations du Bureau socialiste international. Notamment en ce qui concerne la préparation du Congrès international de Stuttgart, nos délégués Vaillant et Jaurès sont intervenus dans les discussions, conformément au mandat reçu de notre Conseil national.

Deux points sont principalement à signaler dans le projet de règlement qui sera soumis au Congrès. C'est d'abord l'attribution à la France du maximum des voix accordées à une nationalité, à savoir 20. C'est ensuite la nécessité pour tout groupement désireux de prendre part au Congrès d'avoir à s'adresser d'abord à la Section française de l'Internationale Ouvrière, garantie absolue contre tout socialisme jaune.

Notre Groupe à la Chambre a eu une nouvelle occasion de dénoncer au pays et à l'Europe les résultats de la honteuse alliance qui met la France républicaine au service du despotisme russe.

Dans l'interpellation sur les tentatives d'emprunt déguisé faites en France par le tsarisme, nos camarades Rouanet, Meslier, Willm et Jaurès ont vigoureusement démasqué les manœuvres de la finance pour assurer le concours de l'argent français au tsarisme luttant contre la volonté de la nation russe et la Douma qui devait en être l'expression.

De même que notre Parti avait été représenté, à Mannheim, au Congrès de la démocratie socialiste allemande par le camarade Rappoport, il a reçu, avec une vive satisfaction, la visite des délégués des partis frères à son Congrès national de Limoges.

Anseele y représentait le Bureau socialiste international ; Baeck et Dewinne, le Parti ouvrier belge ; Guy Bowman, la Social-Democratic-Federation d'Angleterre, et Roubanovitch, le Parti socialiste révolutionnaire de Russie.

Enfin, dans quelques jours, à la fête annuelle organisée pour le 14 juillet par la Section socialiste française de Genève, notre camarade Rouanet portera la parole en notre nom.

NUMÉROS D'ORDRE	FÉDÉRATIONS	CARTES PRISES	TIMBRES PRIS	CARTES entrant en ligne de compte pr l'attribution des mandats	VERSEMENTS effectués pour cartes et timbres		ABONNEMENTS au « SOCIALISTE »
					fr.	c.	
1	Ain	200	2.596	200	179	80	10
2	Aisne	1.050	4.680	780	496	50	21
3	Algérie.	140	350	59	52	50	12
4	Allier	968	4.000	667	442	»	25
5	Alpes.	240	700	117	95	»	8
6	Alpes-Maritimes	451	2.700	450	247	75	8
7	Ardennes . . .	397	4.690	397	333	25	22
8	Ariège	135	575	96	62	50	4
9	Aube.	1.050	7.000	1.050	612	50	53
10	Aude.	175	995	166	93	50	3
11	Aveyron	550	2.400	400	257	50	9
12	B.-du-Rhône . .	972	8.980	972	692	»	26
13	Bretagne. . . .	1.146	6.133	1.023	593	15	20
14	Cantal	»	250	»	12	50	»
15	Charente. . . .	200	1.800	200	140	»	6
16	Charente-Inf.. .	300	2.400	300	195	»	4
17	Cher	630	2.550	425	285	»	9
18	Corrèze.	296	1.345	225	141	25	4
19	Corse.	»	»	»	»	»	8
20	Côte-d'Or . . .	500	6.000	500	425	»	6
21	Creuse	294	1.950	294	171	»	6
22	Dordogne . . .	782	3.815	636	386	25	23
23	Doubs	270	1.950	270	165	»	10
24	Drôme et Ardèche	615	4.050	615	356	25	17
25	Eure-et-Loir . .	190	700	117	82	50	17
26	Gard	1.670	13.470	1.670	1.091	»	15
27	Garonne (Hte-) . .	1.200	6.500	1.084	575	»	24
28	Gascogne. . . .	307	1.201	201	136	80	17
29	Gironde	1.850	8.595	1.433	892	25	56
30	Guyane.	»	»	»	»	»	»
31	Hérault.	775	5.000	775	443	75	20
32	Indre.	60	313	53	30	65	10
33	Indre-et-Loire .	500	2.800	467	265	40	24
34	Isère	850	5.200	850	472	50	24
35	Jura	300	2.890	300	219	50	12
36	Landes.	138	850	138	77	»	5
37	Loir-et-Cher . .	160	1.040	160	92	»	5
38	Loire.	730	3.499	584	357	45	26
39	Loire (Haute-) .	90	940	90	69	50	3

NUMÉROS D'ORDRE	FÉDÉRATIONS	CARTES PRISES	TIMBRES PRIS	CARTES entrant en ligne de compte pr l'attribution des mandats	VERSEMENTS effectués pour cartes et timbres fr.	c.	ABONNEMENTS au « SOCIALISTE »
40	Loiret	133	582	97	62	35	7
41	Lot.	108	520	87	53	»	3
42	Lot-et-Garonne.	220	1.200	200	115	»	26
43	Lozère	148	1.055	148	89	75	10
44	Maine-et-Loire .	138	1.127	138	98	10	9
45	Marne	635	4.050	635	361	25	35
46	Marne (Haute-).	302	2.300	302	190	50	22
47	Martinique . . .	100	»	»	25	»	5
48	Meurthe-et-Mos.	210	800	134	92	50	5
49	Meuse	»	»	»	»	»	»
50	Nièvre	720	3.500	584	355	»	14
51	Nord	8.700	55.000	8.700	4.925	»	230
52	Normandie (Basse-	431	1.951	326	205	30	16
53	Oise	620	5.396	620	435	55	14
54	Pas-de-Calais. .	1.920	11.960	1.920	1.078	»	15
55	Puy-de-Dôme. .	825	5.520	825	482	25	9
56	Pyrénées (Basses-) .	340	1.800	300	175	»	15
57	Pyrénées-Orient.	400	1.800	300	190	»	10
58	Rhin (Haut-) . .	»	»	»	»	»	»
59	Rhône	950	5.100	850	492	50	49
60	Saône-et-Loire .	950	8.360	950	655	50	20
61	Sarthe	150	800	134	77	50	6
62	Savoies (Deux-).	330	1.120	187	138	50	7
63	Seine.	6.500	42.000	6.500	3.725	»	453
64	Seine-et-Marne .	496	3.865	496	317	25	26
65	Seine-et-Oise. .	1.325	8.100	1.325	736	25	76
66	Seine-Inf. et Eure	345	1.500	250	161	25	23
67	Sèvres (Deux-) .	210	1.920	210	148	50	27
68	Somme.	770	4.200	700	402	50	31
69	Tarn	710	5.500	710	452	50	11
70	Var	700	11.400	700	745	»	18
71	Vaucluse	800	5.600	800	480	»	17
72	Vendée.	40	120	20	16	»	2
73	Vienne.	125	835	125	73	»	5
74	Vienne (Haute-).	1.200	6.500	1.084	625	»	13
75	Vosges.	894	4.700	784	458	50	14
76	Yonne	440	2.340	390	227	»	20
	Totaux. . .	52,913	337.428	48.237	30,621	40	1.832

2° Administration.

Notre rôle administratif étant de chiffrer et non de phraser, nous ne nous attarderons pas en déclamations superflues. Par notre méthode d'exposition simple, nos camarades pourront saisir de suite l'importance de nos opérations et en tirer des conclusions.

Cartes et Timbres.

Du 1er octobre 1906 au 30 juin 1907, nous avons écoulé 54.604 cartes et 347.428 timbres :

54.604 cartes à 0 fr. 25 cent..............	13.651 »
347.428 timbres à 0 fr. 05 cent...........	17.371 40
Sommes reçues..........	31.022 40

Ces chiffres sont un peu différents de ceux donnés par le Secrétariat. La raison en est que les cartes de l'année 1907 entrent seules en compte pour le nombre des mandats. L'Administration tient compte, nécessairement, des cartes au millésime 1906, distribuées entre le 1er octobre et le 8 décembre 1906.

Le « Socialiste ».

Malgré les décisions de nos Congrès, rendant obligatoires pour tous les groupes l'abonnement au *Socialiste*, beaucoup de ces groupes échappent à cette obligation.

Le *Socialiste* publiant toutes les communications du Parti, nous nous demandons de quelle façon les militants des groupes non abonnés sont mis au courant de ce qui se passe dans le Parti, et si c'est par révélation, qu'ils peuvent prendre des décisions sur les questions soumises au Congrès annuel.

Le n° 74 (1er octobre 1906), tirait à 4.000 exemplaires et était distribué à 3.600—3.300 environ vendus. Le n° 113 (1er juillet 1907) ne tirait plus qu'à 3.500 exemplaires et était distribué à 3.300—3.000 à peine vendus. C'est donc, en neuf mois, une diminution d'un huitième :

Les recettes du 1er octobre 1906 au 30 juin 1907 sont de........................	10.815 05
Les dépenses de........................	10.516 15
En caisse............	298 90

En tenant compte de 1.500 trimestres environ payés d'avance et représentant une somme de 2.250 francs, dus par nous, nous avons le regret de constater un déficit d'environ 2.000 francs.

Des critiques nombreuses sont formulées par lettres à l'administrateur qui n'en peut mais. Le Congrès, sans doute, appréciera.

La Librairie.

L'inventaire du 3 octobre 1906 évaluait notre fonds de librairie à la somme de 8.833 fr. 55 centimes.

Nous avons la satisfaction de constater la progression constante de ce service. Voici les chiffres du récent inventaire :

INVENTAIRE DU 7 JUILLET 1907

26.990	brochures à	05	centimes........	1.349 50
116.700	—	10	—	11.670 »
20.150	—	15	—	3.022 50
8.850	—	20	—	1.770 »
			A reporter. . .	17.812 »

			Report.	17.812 »
4.275	—	25	—	1.068 75
370	—	30	—	111 »
187	—	50	—	93 50
91	—	60	—	54 60
126	volumes à	1 »	—	126 »
83	—	1 50	—	124 50
43	—	2 »	—	86 »
107	—	2 50	—	267 50
219	—	3 »	—	657 »
17	—	4 »	—	68 »
54	—	5 »	—	270 »
4	—	7 »	—	28 »
304	brochures de théâtre............			194 »
2.275	coquelicots à 2 fr. 50 le cent......			56 85
2.240	insignes à 25 centimes..........			560 »
26.000	chansons à 10 francs le mille....			52 »
102	partitions musique (divers)......			60 50
13.800	cartes postales à 25 francs le mille			345 »
			Total à prix ferme....—	22.044 20
	Avec 50 0/0 de diminution........			11.022 10
	Inventaire au 3 octobre 1906......			8.833 55
				2.188 55

D'autre part, les recettes d'octobre 1906 à fin juin 1907 sont de..................	9.820 45
Les dépenses sont de..................	8.026 60
Différence de recettes sur dépenses......	1.793 85
Augmentation du stock en inventaire..	2.188 55
Différence de recettes sur dépenses....	1.793 85
	3.982 40

En tenant compte de la part des frais généraux dans le service de la librairie, et qu'on peut évaluer à 2.000 francs, c'est une égale somme de 2.000 francs que ce service verse, comme bénéfice net, à la caisse du Parti.

La nature de nos ventes a été des plus variées. Nous avons écoulé 18.000 coquelicots et églantines ; 6.000 insignes métal ; 10.000 cartes postales ; 15.000 chansons et 36.000 brochures et volumes de tous titres. Nos bénéfices nous ont permis d'éditer, pendant cet exercice, 7 brochures nouvelles et une série de 12 cartes postales. Beaucoup de nos militants connaissent notre adresse et apprécient nos publications. Nous avons le regret de constater que d'importantes Fédérations nous ignorent, et nous serions bien curieux de savoir comment les camarades de ces Fédérations font leur éducation socialiste. Nous avons actuellement en magasin 180.000 brochures et volumes à leur disposition.

Lucien ROLAND.

Rapport du Groupe Socialiste au Parlement

Citoyens,

En confiant cette année à un nouveau venu le mandat de présenter son rapport devant le Congrès, le Groupe du Parti Socialiste au Parlement l'a chargé d'une mission délicate, que rendent particulièrement difficile les circonstances actuelles, mais qui se trouve heureusement allégée par la situation intérieure du groupe, qui n'a jamais été plus uni, et par ses rapports avec le Parti qui n'ont jamais été meilleurs.

Il ne peut entrer dans notre pensée de refaire ici, au jour le jour, l'histoire parlementaire des deux dernières sessions. Ce serait un travail fastidieux et d'une utilité fort contestable. Les militants désignés au Congrès ont suivi les événements ; ils ont suivi avec nous l'année politique qui s'est écoulée depuis le Congrès de Limoges. Il nous suffira, il suffira au Congrès que nous retracions à grands traits l'enchaînement des circonstances qui ont créé la situation présente, pour en déduire les enseignements et préparer ainsi pour demain le plan de campagne du Parti Socialiste.

Et quant à l'œuvre propre du groupe et de ses membres, elle trouvera son meilleur éloge dans une énumération rapide des propositions déposées par les membres du groupe, qui fera apparaître, à côté des interventions de tribune, où les nôtres ont joué dans les grands débats un rôle hors de pair, l'effort loyal et obstiné de vos élus pour les réformes.

Au retour du Congrès de Limoges, le Groupe socialiste se trouva en présence du cabinet Clemenceau, qui venait de naître. Il n'est pas sans intérêt de rappeler que ce ministère ne rencontra de notre côté aucune hostilité préconçue. Alors que le cabinet précédent avait, au début de la législature, groupé contre lui presque tous les éléments d'extrême gauche, le cabinet Clemenceau, lorsqu'il se présenta devant la Chambre, n'eut pas un vote hostile à gauche. On l'attendait à l'œuvre, et nous étions prêts à seconder vigoureusement tout effort sincère de réforme qui serait tenté par la majorité radicale et par le gouvernement qu'elle s'était donné.

Les promesses de ce dernier n'étaient d'ailleurs pas négligeables. Elles étaient, sur plusieurs points, conformes au programme radical-socialiste. Le ministère annonçait la réforme générale de l'impôt et celle de la juridiction militaire, les retraites ouvrières et le rachat de l'Ouest, cette dernière mesure devant être l'amorce de plus vastes entreprises et la première tentative de mainmise de l'Etat sur les monopoles privés.

Que reste-t-il aujourd'hui de ce programme ? Rien n'a été réalisé ; l'on a ajourné ce qu'on n'a pas retiré.

Les conseils de guerre sont maintenus sur la demande du gouvernement, qui saisit le prétexte des récentes mutineries militaires pour perpétuer une institution odieuse, condamnée avec éclat par ceux-là même qui la protègent à présent. Le rachat de l'Ouest, voté par la Chambre, est tenu en échec devant le Sénat ; le gouvernement, qui va au-devant des responsabilités les plus redoutables, n'a pas encore osé engager sa responsabilité au Sénat pour obtenir de lui le vote du projet. Les retraites ouvrières subissent, devant la même Assemblée, des retards et des ajournements calculés ; il n'est plus personne qui ose dire que cette réforme sera l'œuvre de la législation actuelle. L'impôt sur le revenu, que la Chambre a mis à son ordre du jour sans croire beaucoup au succès est l'objet, de la part de la haute bourgeoisie, d'une telle campagne de déformation que son échec devant la Chambre est dès maintenant prévu et escompté, semble-t-il, par une partie de la majorité dont le concours sera nécessaire pour le faire aboutir.

Par contre, la même majorité a voulu imposer au gouvernement, malgré la belle défense de nos amis et aussi malgré le ministre du travail, qui n'a cédé qu'à regret et le moins possible, une série de modifications à la loi sur le repos hebdomadaire qui ne sont pas encore votées, mais dont le seul projet devait suffire à affaiblir la loi et à en rendre l'application à peu près facultative. Ainsi la majorité a essayé de reprendre aux travailleurs, aussitôt que promulguée, cette modeste réforme qu'on a condamnée avant même d'en avoir fait l'essai, obligeant ainsi les travailleurs à recourir aux méthodes de l'action directe, puisque la protection de la loi leur faisait défaut.

Cette politique d'abandon et d'impuissance devait avoir pour corollaire une tendance croissante à refouler les revendications ouvrières et à restaurer dans les administrations publiques les vieux procédés d'autoritarisme. Le ministère Clemenceau n'a pas échappé à ces conséquences fatales de ses premières fautes. On l'a vu d'abord se lancer à corps perdu dans l'arbitraire gouvernemental et policier, ordonner des poursuites et obtenir des condamnations injustifiées contre les militants des syndicats, engager des procès d'opinion sur des témoignages suspects, sous prétexte de réprimer des excès de langage qui ne datent pas d'hier et dont seuls les gouvernements en mal de réaction ont voulu faire état, prêter la main de son mieux aux campagnes de panique savamment menées par la grande presse d'affaires, et combattre enfin, par les pires moyens d'autorité et de violence, un péril qu'il ne dénonçait que pour s'en servir.

Son attitude dans la question des Syndicats de fonctionnaires fut peut-être plus caractéristique encore. La liberté syndicale avait été promise et même accordée en fait aux agents de l'Etat par les gouvernements précédents. Plusieurs membres du cabinet s'étaient prononcés depuis longtemps et avec la plus grande netteté en faveur des Syndicats de fonctionnaires et de leur affiliation aux grandes organisations ouvrières. Le projet déposé par le gouvernement au mois de mars ayant paru, à juste titre, insuffisant, les secrétaires des organisations déjà existantes crurent pouvoir en appeler à l'opinion en invoquant contre la thèse du gouvernement celle que plusieurs ministres avaient soutenue naguère. Le gouvernement jugea le prétexte excellent pour frapper les organisations syndicales de fonctionnaires, en prenant des mesures disciplinaires contre les secrétaires de ces organisations, sans se laisser arrêter par de vains scrupules de forme, frappant à tort et à travers, poursuivant ceux-ci, épargnant ceux-là, se couvrant ici de l'avis des Conseils de discipline, passant outre quand l'avis était favorable aux fonctionnaires poursuivis, faisant, là encore, une politique d'incohérence et d'arbitraire, sans paraître se douter un seul instant qu'il s'escrimait à coups redoublés contre la démocratie elle-même, dont le Syndicat de fonctionnaires est l'expression administrative.

Cette déplorable méthode de gouvernement a trouvé son chef-d'œuvre dans l'attitude que le ministère a observée vis-à-vis des viticulteurs du Midi. Tout d'abord, le gouvernement se donne l'air d'encourager le mouvement. Il laisse ses agents directs s'y associer. On voit un préfet pavoiser la préfecture en l'honneur d'une manifestation de viticulteurs. Les délibérations de Conseils municipaux qui votent sur les fonds communaux des subventions aux manifestants, sont approuvées par l'autorité administrative. On parle de démarches que le gouvernement doit faire auprès des compagnies de chemins de fer pour obtenir d'elles des réductions du prix des places en faveur des viticulteurs qui se rendent aux meetings par centaines de mille. Dans tous ces meetings, il est parlé d'un ultimatum au gouvernement, que l'on menace de la démission collective des municipalités et de la grève de l'impôt, si le Midi viticole n'obtient pas satisfaction avant le 10 juin. Le gouvernement n'ignore rien de tout cela ; il laisse faire. Le 10 juin, les menaces sont mises à exécution. Le président du Conseil intervient alors par une lettre publique aux maires démissionnaires. Mais, sans attendre l'effet de cette lettre, sans attendre que la loi projetée par le gouvernement ait été adoptée par la Chambre qui en a cependant commencé la discussion, brusquement, l'attitude change : à la méthode du laisser-faire succède presque sans transition celle de la répression à outrance et sans délai. C'est en vain que les représentants des régions intéressées et les élus socialistes supplient la Chambre de ne pas permettre au gouvernement de s'engager dans cette voie funeste. La majorité donne au président du Conseil le blanc-seing qu'il lui demande. On sait le reste : la concentration des troupes dans le Midi pour l'arrestation d'une douzaine de citoyens, les collisions meurtrières de Narbonne, les mutineries militaires.

Quelque opinion que l'on ait sur la crise viticole du Midi, sur ses causes, sur les remèdes qu'elle comporte, il est impossible de ne pas porter un jugement sévère sur les incohérences et les soubresauts de la politique gouvernementale en cette affaire. C'est bien inutilement que le sang a été versé, qu'une souillure affreuse a été infligée à la République. Avec un peu de clairvoyance et de doigté, toute cette sanglante aventure pouvait être évitée. Le groupe socialiste a fait, dans ce but, tout ce qu'il pouvait faire. Il n'a aucune part de responsabilité dans la répression. C'est au gouvernement et à la majorité que cette responsabilité incombe tout entière.

Cette crise redoutable du Midi devait avoir sur la politique générale une répercussion immédiate, et c'est encore dans le sens de la politique de résistance et de compression que cette répercussion devait se manifester.

La mutinerie des soldats du 17e de ligne, revenant à Béziers, leur ancienne garnison, fraternisant, pendant quelques heures, avec la population soulevée, puis se rendant à leurs chefs sur la promesse de l'impunité, cette révolte trop explicable et qui ne présente, à aucun degré, le caractère alarmant pour la sécurité du pays qu'on a voulu lui donner, a pourtant servi de prétexte à l'ajournement du projet de loi sur les conseils de guerre, que la Chambre a écarté de son ordre du jour sur la demande du gouvernement avec l'appui du rapporteur. La suppression des Conseils de guerre, retardée par l'accord de ces trois hommes : Clemenceau, Picquart et Labori, quelle décevante leçon de choses !

Avant de se séparer, la Chambre a consenti à engager le débat relatif à l'impôt sur le revenu.

Ce débat, si incomplet qu'il ait été, a, néanmoins, permis aux partisans de la réforme, notamment au ministre des Finances et au citoyen Jaurès, de répondre à la campagne de déformation systématique qu'on menait dans la presse depuis plusieurs mois contre le projet. Et il sera malaisé, désormais, aux adversaires sournois de l'impôt sur le revenu, qui siègent sur les bancs de la majorité, de couvrir leur opposition d'un prétexte avouable. La majorité, si elle fait échouer la réforme capitale de son programme, devra chercher d'autres excuses.

Et maintenant, que conclure de cet exposé rapide, sinon que, depuis six mois, la majorité parlementaire s'est laissé gagner peu à peu par le doute et par la peur, que le parti radical, à part quelques honorables exceptions, semble se complaire dans l'inaction et ne retrouver quelque vigueur que quand il s'agit de combattre l'ennemi nouveau, à savoir le socialisme et la classe ouvrière ? Dominé par cet état d'esprit, le gouvernement et la majorité devaient logiquement revenir aux pratiques d'arbitraire et de violence des gouvernements de réaction, en même temps qu'ils perdaient toute vertu réformatrice. Ils n'y ont pas manqué.

Nous n'avons pas, de notre côté, manqué à notre double tâche, qui fut de défendre en toute circonstance les traditions de libéralisme démocratique des républicains et de donner en chaque occasion et quand même l'exemple d'une vigoureuse action pour les réformes.

Dans tous les débats où s'est engagé, par la politique du gouvernement, le sort des libertés publiques, nos orateurs ont constamment défendu contre l'arbitraire les droits des citoyens, des fonctionnaires, des soldats. Dans les Commissions où s'élaborent les projets de réformes, à la Commission de législation fiscale où l'on étudiait l'impôt sur le revenu, à la Commission du travail, à la Commission de l'assurance et de la prévoyance sociales, à la Commission des mines qui préparent les lois ouvrières, à la Commission du suffrage universel qui étudie la réforme de notre régime électoral, et particulièrement la représentation proportionnelle, partout enfin où l'effort pouvait être utile, les élus du Parti ont montré pour les réformes l'ardeur la plus confiante et la plus soutenue.

Faire apparaître, chaque fois qu'il se pourra, les

solutions socialistes, comme l'a fait Jaurès avec son projet de nationalisation de la grande propriété viticole et d'organisation socialiste de la production du vin ; défendre les progrès acquis, comme nous l'avons fait dans le débat sur le repos hebdomadaire et dans les interpellations qui visaient les actes d'arbitraire judiciaire ou administratif du gouvernement et de ses agents ; en même temps s'efforcer, sans esprit de surenchère, aux réalisations possibles, tel fut le rôle du Groupe Socialiste.

Sur la politique extérieure, le Groupe a exercé comme toujours le contrôle le plus vigilant et le plus actif. Il a dénoncé à la tribune les agissements des financiers internationaux qui se jouent de la paix du monde et la compromettent sans cesse par leurs opérations de brigandage. Il a protesté contre l'accroissement indéfini des dépenses militaires. Il a, à plusieurs reprises, obligé le gouvernement à s'expliquer sur sa politique étrangère et notamment sur le sens de son action à la deuxième conférence de La Haye.

Il serait injuste enfin de ne pas rappeler au Congrès le concours précieux apporté à la propagande générale et aux travailleurs en grève par les élus du Groupe. Nous ne croyons pas que jamais le concours se soit affirmé avec autant de zèle et d'éclat que dans l'année qui vient de s'écouler.

Ce rapport ne serait pas complet, si nous omettions de dire un mot d'une question qui, bien que réglée par le Conseil National du Parti, garde encore un peu de son acuité des premiers jours. Nous voulons parler de l'indemnité parlementaire.

On sait comment cette question s'est posée brusquement, brutalement, pourrait-on dire, devant le Groupe et l'on n'a pas oublié comment elle y fut résolue.

Une fraction du Groupe, convaincue que la mesure proposée par la Commission de comptabilité de la

Chambre, quelque opinion que l'on eût sur le fond même de la question, était inopportune, qu'elle jetterait le trouble dans le pays et serait exploitée par les réactionnaires, était d'avis de rejeter l'augmentation. Une autre fraction du Groupe, convaincue qu'en soi la mesure était justifiée et que l'opinion l'accepterait aisément, était décidée à voter l'augmentation. Mais le Groupe se trouva unanime pour adopter une motion aux termes de laquelle l'augmentation, si elle était maintenue par la Chambre, serait mise par les députés socialistes à la disposition du Parti qui aurait à décider, d'accord avec les élus, du meilleur emploi à en faire. On sait que le Conseil National, en exécution de cette décision, a fixé la contribution due par les élus.

Ce que nous voulons retenir ici, c'est la préoccupation dominante du Groupe Socialiste tout entier d'associer le Parti lui-même au bénéfice d'une mesure que nous n'avions pas sollicitée, dont l'initiative n'est pas venue de nous, sur la nécessité de laquelle nos avis ont pu être partagés, mais qui, dans notre pensée à tous, devait, si elle était adoptée, assurer au Parti plus d'activité dans sa propagande, plus de vigueur dans son action.

Il nous reste à faire état ici, aussi succinctement que possible, des propositions dues à l'initiative des membres du Groupe.

Signalons :

Du citoyen *Aldy,* — qui a pris une part si brillante aux débats relatifs aux événements du Midi et à la discussion des projets sur le mouillage et le sucrage des vins et sur la répression des fraudes :

Sa proposition tendant à prévenir et à réprimer la fabrication des vins de sucre.

Du citoyen *Allard,* — qui est intervenu à la tribune dans tous les débats relatifs à la séparation des Eglises et de l'Etat :

Une proposition tendant à compléter la loi sur la matière. (Cette proposition est passée en partie dans la loi du 2 janvier 1907, votée sur la proposition du gouvernement).

Du citoyen *Albert Poulain :*

Une proposition tendant à l'abolition de la contrainte par corps en matière civile, criminelle, correctionnelle et de simple police, et à l'établissement des conditions de perception par l'Etat des frais de justice et des amendes dues en vertu de condamnation.

Du citoyen *Allemane :*

Une proposition tendant à la création d'un billet hypothécaire au porteur portant un intérêt de 2 0/0, permettant de mobiliser le tiers de la valeur des immeubles et d'amorcer pratiquement la création du Crédit agricole;

Une proposition tendant à modifier la loi du 21 avril 1810 sur les mines et à réglementer les délais de chargements des bateaux;

Une proposition tendant à permettre aux inventeurs de faire la démonstration pratique de leur invention.

Du citoyen *Basly :*

Une proposition tendant à faire bénéficier les délégués à la sécurité des ouvriers mineurs des dispositions de la loi du 9 avril 1898 sur les accidents du travail.

Notons que parmi les propositions déposées par le citoyen Basly antérieurement au Congrès de Limoges, plusieurs sont actuellement à l'état de rapport, notamment celle qui tend à modifier la loi du 9 mai 1905 sur les délégués à la sécurité des ouvriers mineurs, celle qui tend à établir la journée de huit heures dans les mines (rapporteur : M. Janet), et enfin celle qui tend à l'institution de Conseils de prud'hommes mineurs (rapporteur : Bouveri).

Du citoyen *Breton* :

Une proposition tendant à étendre aux victimes de maladies professionnelles le bénéfice de la loi du 9 avril 1898 sur les accidents du travail. Le citoyen Breton a été nommé rapporteur de sa proposition et a déposé son rapport;

Une proposition tendant à la protection des femmes enceintes ou nouvellement accouchées et des enfants du premier âge;

Une proposition tendant à l'élection des députés au scrutin uninominal par des circonscriptions électorales approximativement équivalentes;

Une proposition tendant à interdire la fabrication et la vente des essences et liqueurs à base d'absinthe;

Une proposition tendant à porter à deux années la durée de l'exercice budgétaire.

Ajoutons que le citoyen Breton a récemment soutenu et fait aboutir devant la Chambre, comme rapporteur, la loi relative à l'interdiction de l'emploi du blanc de céruse.

Du citoyen *Betoulle* :

Une proposition tendant à l'ouverture d'un crédit de 100.000 francs pour les familles des grévistes de Fougères.

Du citoyen *Bouveri* :

Une proposition tendant à rendre obligatoire le remblai dans les mines de houille concédées ou à concéder;

Une proposition tendant à supprimer l'emploi du sucre pour l'amélioration et la fabrication des vins.

Du citoyen *Paul Constans* :

Un projet de résolution tendant à la suppression de l'article 51 *bis* du Règlement de la Chambre des députés;

Une proposition tendant à rendre les employeurs responsables de la perte des outils et objets déposés chez eux à l'occasion du travail par ceux qui les occupent.

Du citoyen *J. Coutant* :

Une proposition tendant à garantir les cautionnements, les dépôts de garantie, le montant des loyers ou fourrages payés d'avance et à la création d'une caisse de secours en faveur des familles nécessiteuses chargées d'enfants;

Une proposition tendant à prévenir les abus du baptême clandestin et à protéger la liberté de conscience;

Une proposition tendant à la suppression de l'ordre des avocats;

Une proposition tendant à interdire tout prélèvement sur le montant des pourboires;

Une proposition tendant à modifier la loi du 21 mars 1905 sur le recrutement de l'armée.

Du citoyen *Devèze* :

Une proposition tendant à compléter la loi du 21 mars 1905 sur le recrutement de l'armée;

Une proposition tendant à l'ouverture d'un crédit de 50.000 francs, en faveur des ouvrières fileuses de soie victimes du chômage.

Du citoyen *François Fournier* :

Une proposition tendant à accorder aux anciens militaires blessés ou infirmes réformés avec congé n° 1 et gratification de réforme permanente une allocation annuelle et viagère basée sur les trois quarts du minimum actuel de la pension de 6e classe;

Une proposition de loi relative aux maréchaux-ferrants militaires;

Une proposition de loi tendant à créer, au profit des fonctionnaires de l'Etat, un carnet de retraite.

Du citoyen *Ghesquière* :

Une proposition tendant à appliquer les principes essentiels de la loi du 9 avril 1898 sur les accidents du travail, à la réparation pécuniaire des accidents dont les soldats sont victimes par le fait ou à l'occasion du service militaire.

Du citoyen *Groussier* :

Une proposition tendant à municipaliser l'administration générale de l'Assistance publique à Paris.

Du citoyen *Sembat* :

Un projet de résolution tendant à modifier le Règlement de la Chambre des députés pour la nomination de la Commission du Budget.

Du citoyen *Vaillant* :

Une proposition tendant à l'institution de la journée de huit heures et du minimum de salaire;

Une proposition tendant à l'institution de la journée de huit heures et du salaire minimum pour les ouvriers et ouvrières, employés et employées des travaux, emplois et service de l'Etat;

Une proposition tendant à l'établissement, dans le délai de cinq ans, d'abattoirs publics;

Une proposition tendant à réglementer la fabrication et la vente des liqueurs, apéritifs et vins aromatisés;

Une proposition tendant à la suppression totale et obligatoire des octrois;

Une proposition tendant à modifier la loi du 21 mars 1884 sur les syndicats professionnels;

Une proposition tendant à abroger les articles 15, 16, 27 et 28 du décret organique du 2 février 1852;

Une proposition tendant à faire application : 1° A la Ville de Paris de la loi du 5 avril 1884 sur l'organisation municipale; 2° Au département de la Seine, de la loi du 10 août 1871 sur les conseils généraux;

Une proposition tendant à la suppression de tous droits de douane sur les cafés, thés et cacaos;

Une proposition tendant à la suppression des commandements supérieurs ou gouvernements militaires de Paris et de Lyon;

Une proposition tendant à l'organisation démocratique du suffrage universel;

Une proposition tendant à instituer des délégués agricoles pour la protection du travail et des travailleurs agricoles;

Une proposition ayant pour objet la liberté de la chasse et de la pêche, sans autres restrictions que celles nécessitées par les mesures d'intérêt public pour la protection de l'agriculture.

Du citoyen *Veber* :

Un projet de résolution tendant à la nomination d'autant de Commissions permanentes de contrôle qu'il y a de ministères et de sous-secrétariats d'Etat;

Une proposition tendant à imposer l'obligation du versement de tous cautionnements à la Caisse des Dépôts et Consignations et à créer au profit de tout employé une créance privilégiée pour le montant de l'avance, gage ou prêt qu'il aura consenti à son employeur;

Une proposition tendant à organiser le scrutin de liste avec représentation proportionnelle dans les élections municipales.

Tel est, citoyens, le résumé de l'œuvre du Groupe du Parti Socialiste au Parlement depuis le Congrès de Limoges.

Nous croyons que cette œuvre fut bonne et qu'elle nous donne le droit d'attendre avec confiance le jugement du Parti.

En présence d'une situation politique nouvelle, dont le double caractère est d'abord la concentration de plus en plus apparente de toutes les forces de conservation sociale contre le socialisme grandissant, et, comme conséquence de ce groupement nouveau des partis, l'ajournement possible de toute politique sincère et sérieuse de réformes, notre ligne de conduite nous semble toute tracée :

Avec les républicains qui ne désespèrent pas encore de la démocratie et du progrès social, nous défendrons les garanties de liberté républicaine et les lois protectrices du travail. Avec les démocrates qui gardent l'espoir d'une évolution heureuse de la démocratie vers les formes nouvelles du travail affranchi, nous opposerons à toute politique sournoise ou cynique de piétinement ou de recul la politique des réformes hardies et des réalisations incessantes. Résolus à soutenir d'un effort loyal tout effort sincère de réformes, d'où qu'il vienne, nous sommes prêts aussi, si les partis de gauche se laissent acculer à la faillite, à reprendre seuls, pour le compte du prolériat, les promesses oubliées et les programmes déchirés.

Malgré les difficultés de l'heure présente, nous voulons garder intacte notre confiance dans la démocratie pour préparer le triomphe du socialisme libérateur. De plus en plus, à la lumière des événements, tandis que les partis de conservation avoueront ou démontreront leur impuissance, le socialisme apparaîtra comme la grande force vivante de mouvement et de progrès, qui attirera à elle tous les hommes épris de justice et de liberté véritable. De plus en plus, la nécessité s'imposera de l'entière transformation d'un régime social d'iniquité, de désordre et de violence, où la République n'est qu'un mot et la liberté un privilège, qui a pour règle unique la lutte des classes, où l'exploitation de l'homme par l'homme n'a d'autre frein que la grève des exploités, avec son cortège de misères et de souffrances, qui précipite sans cesse, en un exprimable chaos, ouvriers contre patrons, ouvriers contre ouvriers, patrons contre patrons, peuples contre peuples, races contre races.

Dans la période qui va s'ouvrir, et qui peut être décisive, le Groupe Socialiste, pour jouer utilement sa partie, n'aura qu'à demeurer lui-même et à faire, sous votre contrôle, sans déviation d'aucune sorte, la politique propre du Parti Socialiste, en menant de front l'œuvre de propagande et le travail de réalisation.

A. VARENNE,

Député du Puy-de-Dôme.

PREMIÈRE JOURNÉE[1]

Dimanche 11 Août

Séance du matin

La séance est ouverte sous la présidence de *Léchevin.*

Groussier, Landrin et *Delory* sont désignés comme présidents des séances pour toute la durée du Congrès.

Bracke, Hoyer, Hesse et la citoyenne *Angèle Roussel* forment le Secrétariat.

Léchevin ayant souhaité la bienvenue aux congressistes, au nom de la Fédération de Meurthe-et-Moselle, la présidence passe au citoyen *Landrin.*

Uhry et *Bloch* (Meurthe-et-Moselle) sont nommés assesseurs.

Dubreuilh. — L'ordre du jour est très chargé et bien que nous ayons quatre journées devant nous, il est à craindre que nous arrivions difficilement à l'épuiser. C'est dans ce but que la Commission Permanente a pensé à vous proposer que chaque fois que l'ordre du jour appellera la discussion d'une question, si vingt membres au moins, dans la salle, ne lèvent pas la main pour la mise en discussion, il sera passé à la question suivante. La Commission

---

(1) Le compte rendu sténographique du Congrès a été établi par les soins des citoyens Raoul et Fernand Corcos.

Administrative a estimé, en effet, que si, au moment où la question se présentait devant le Congrès, il n'y avait pas au moins vingt camarades que cette question intéressait, il était certain que la question n'était pas d'une importance majeure et qu'il n'y avait pas de raison pour passer à la discussion. Le Congrès voit-il un inconvénient à cette procédure ? (*Approbation.*)

Le Président. — Je mets la proposition aux voix. (Adopté.)

Dubreuilh. — L'ordre du jour appellerait le rapport du Conseil National. Mais il y a une question, a-t-il semblé à la Commission Administrative, qui doit être tout d'abord tranchée par vous : la question n° 13, question posée par la Fédération du Nord sur la publicité du Congrès. En effet, si le Congrès décide qu'il doit être public, il le sera dès maintenant. C'est dans ce but que la Commission vous propose de passer tout de suite à la discussion de la question n° 13 de l'ordre du jour. (Approbation.)

Lefebvre (Nord). — La Fédération du Nord a examiné, dans son Congrès de Loos, la question de la publicité ou de la non publicité des séances de ce Congrès, et, après mûr examen, s'est déclarée hostile à l'admission de la presse. Vous me permettrez de vous donner lecture de la résolution qui a été adoptée :

Rapport de la Fédération du Nord

Deux raisons nous font demander que les séances de nos Congrès ne soient pas ouvertes à ceux qui n'adhèrent pas à notre Parti :

La première, c'est que nous avons remarqué que, lorsque les séances sont publiques, les délégués ont une tendance à prononcer des discours, ce qui fait perdre un temps précieux et oblige le Congrès, vers sa fin, à solutionner des questions, parfois très importantes, avec une rapidité telle que tout examen sérieux est impossible ;

La deuxième raison est plus importante. Nos Congrès n'ont pas seulement pour but l'exposé de nos conceptions sur les questions qui figurent à leur ordre du jour, ils doivent surtout prendre des décisions sur l'action à mener ; ils doivent aussi permettre à tout délégué de dire ce qu'il pense de la conduite d'un militant, d'un élu ou d'une Commission.

Eh bien ! sur ces deux derniers points, nous estimons que nous n'avons rien à gagner à ouvrir nos portes à nos adversaires, car il est des décisions que nous ne devons pas leur faire connaître, et s'il nous arrive d'avoir à faire une observation à un camarade, nous hésitons à la faire ; nous ne voulons pas que la presse ennemie puisse s'en faire une arme contre l'un des nôtres.

Nous croyons que si le Parti n'acceptait pas cette proposition, il serait inconséquent avec lui-même.

En effet, jamais il n'a admis la publicité des séances du Conseil National ; il les veut tellement privées, que les militants les plus connus et les plus actifs n'y ont pas accès, s'ils ne sont régulièrement mandatés par leur Fédération.

Et cette règle, que nous voudrions moins rigoureuse, ne serait pas admise par le Congrès qui a à se prononcer sur les questions qui intéressent le plus le Parti et à trancher des différends, parfois graves et complexes ?

Alors que nous tenons soigneusement privées nos séances du Conseil National, nous ouvririons toutes grandes les portes des salles de nos Congrès, pour y laisser entrer tout le monde, y compris nos pires ennemis ?

Il y a là une contradiction qui n'échappera pas au Congrès de Nancy.

On nous répondra, pour demander que le Congrès soit public, que nous n'avons rien à cacher. Cela est vrai ; mais alors pourquoi, sous prétexte que nous n'avons rien à cacher, ne pas rendre publiques les séances du Conseil National, celles des Congrès régionaux, des Comités fédéraux, des Sections, des Groupes et même des réunions particulières du Groupe Socialiste au Parlement et de la Commission Permanente ?

On dit encore : mais si la presse n'est pas admise, elle recueillera des indiscrétions qu'elle utilisera en publiant des choses inexactes pouvant nuire au Parti.

Ceux qui tiennent un pareil langage semblent croire

à la bonne foi de la presse bourgeoise, ce qui est d'une naïveté inconcevable.

Voici, en réalité, ce qui se passe quand les Congrès sont publics : la presse bourgeoise raconte un tas d'histoires, dénature nos pensées, tronque nos décisions, et comme les prolétaires encore inconscients savent que les journalistes, auteurs d'inexactitudes, de mensonges, étaient présents, ils les prennent pour la vérité même.

Si, au contraire, le Congrès est privé, le journaliste bourgeois pourra raconter tout ce qu'il voudra sur nous; l'ouvrier, encore réfractaire au socialisme, sera quand même défiant, il ne croira pas facilement ce qu'il lira, il saura que le journaliste n'a pas assisté aux débats.

Pour toutes ces raisons, dont on ne peut nier la valeur, nous demandons qu'aux séances de nos Congrès soient admis :

1° Les délégués dûment mandatés ;

2° Les adhérents du Parti, sur la présentation de leur carte à jour de cotisations. Un endroit leur sera réservé;

3° Les représentants des journaux désignés par la Commission Permanente.

Laudier (Cher). — Ce n'est pas une raison parce que les séances du Conseil National sont privées, pour que le Congrès le soit également. Au Conseil National, nous nous occupons beaucoup plus de questions d'administration intérieure que de questions d'ordre général intéressant tout le public. Et, c'est sans doute pour cela que nos réunions du Conseil National sont des réunions privées. Mais, à l'exemple des Congrès socialistes étrangers qui, tous, ont leurs séances publiques, les Congrès nationaux du Parti doivent être des Congrès publics.

On nous dit que la presse bourgeoise dénature nos discussions. Cela sera encore bien plus vrai quand la presse bourgeoise ne sera pas admise à les entendre ; car, ne connaissant rien de ce que nous aurons décidé ou discuté, elle sera amenée à broder des articles sur des faits qu'elle aura ignorés, et elle dira toujours évidemment le contraire de ce que nous aurons fait. Il y a d'un autre côté, un danger que je rappelle : ce sont les fuites. Vous le savez, on ne peut guère empêcher que ce que nous faisons ici, que ce que nous disions, transpire au dehors, et quand une de nos discussions, une résolution prise en séance privée, aura transpiré au dehors, nous nous regarderons en suspects et nous nous demanderons quel est le camarade qui aura commis, je ne dirai pas le crime, mais la faiblesse ou l'imbécillité d'être allé dire au dehors ce que nous aurons fait entre nous.

C'est pour cela qu'il me semble indispensable que nos Congrès soient ouverts à tous et largement publics. Nos camarades du Nord nous disent : il y a des points que nous ne devons discuter qu'entre nous-mêmes. Mais le Congrès est toujours maître de réserver quelques points de son ordre du jour pour être discutés en séance privée. Pour les questions d'ordre général, comme celles de ce Congrès, nous n'avons rien à craindre et l'intérêt bien entendu du Parti est de les discuter au grand jour. (*Approbation.*)

Delory (Nord). — Je répondrai seulement quelques mots. On a dit qu'on avait raison de rendre privées les séances du Conseil National, parce qu'il s'y discute des questions spéciales. Mais n'oubliez pas que le Congrès constitue pour ainsi dire la Cour d'Appel de tout ce qui peut être soulevé au Conseil National. On nous parle des Congrès étrangers : les camarades doivent savoir que, s'ils sont publics, c'est souvent parce que la loi y oblige. Sans cela il y aurait beaucoup de chances pour qu'ils ne le fussent pas. On a parlé des indiscrétions que pourrait commettre la presse bourgeoise, mais je répondrai à cet égard, si vous admettez celle-ci : c'est à peu près comme Gribouille qui se jette à l'eau ; de peur d'une indiscrétion, vous ouvrez la porte à toutes les indiscrétions de la presse.

On nous parle de huis clos pour certaines questions... Prenez garde, si vous faites vos réunions publiques et que vous décidiez ensuite, dans certaines circonstances, le huis clos, vous intriguez ainsi le public et vous lui faites connaître qu'il y a des choses tellement graves, que le Congrès est obligé de fermer ses portes.

Je vous donnerai un dernier argument qui me semble devoir porter : il y a, actuellement, dans la salle, un délégué mandaté... Si vous faites entrer la presse, il est obligé de sortir. Je ne veux pas m'expliquer plus longuement à ce sujet, mais, jetez les yeux sur un côté de la salle : il y a un délégué qui est mandaté par une Fédération et si la presse entre, il est obligé de sortir. *(Mouvements divers.)*

C'est un camarade appartenant à l'armée, mais régulièrement mandaté. Je vous soumets l'argument : vous êtes obligé d'en tenir compte.

Guesde. — Vous allez faire sortir un camarade socialiste pour laisser entrer la presse bourgeoise ! *(Nouveau mouvement.)*

Delory. — Vous ferez ce que vous voudrez, mais il est très important que le Congrès sache qu'en admettant la presse, il met dehors un délégué régulièrement mandaté par sa Fédération.

Laudier. — La presse est à la porte : elle voit bien entrer tous les délégués.

Guesde. — Mais vous n'en n'êtes pas responsable, dans ces conditions.

Varenne (Puy-de-Dôme). — La Fédération du Puy-de-Dôme m'a donné mandat de voter pour la publicité des débats du Congrès, et voici nos raisons : je me refuse à faire autour du Congrès le secret de Polichinelle. Je connais, j'ai déjà assez la pratique de nos débats et des Congrès socialistes en particulier, pour savoir ce qui se passe : les journaux n'ont jamais autant de copie sur les séances qui ont lieu, que quand les Congrès socialistes sont privés, et, ce qu'il y a de plus grave, c'est que ce sont d'ordinaire les journaux nationalistes et réactionnaires qui ont la copie la plus abondante. *(Approbation.)*.

Je supplie le Congrès socialiste de se rappeler que nous n'avons pas de mystère, que nous ne sommes pas un Congrès eucharistique, que nous sommes un parti dont la vie est publique, dont les actes sont publics et qui n'a rien à cacher au public.

Un délégué. — Pourquoi ne le faites-vous pas pour le Convent maçonnique ? (*Interruptions diverses.*)

Lauche (Seine). — La Fédération de la Seine s'est prononcée à l'unanimité...

Une voix. — Non... *(Rires.)*

Lauche. — Nous avons un mandat unanime...

La même voix. — Non !

Jaurès. — Comme le Congrès n'était pas public, nous ne pourrons jamais savoir qui est dans la vérité... *(Nouveaux rires.)*

Lauche. — Nous avons tous le mandat de voter contre la proposition de la Fédération du Nord. Je n'examine pas l'argument qui a été donné tout à l'heure : il peut y avoir ici des camarades dans la situation qu'on nous a indiquée; cela ne nous intéresse pas, nous n'avons pas à le savoir, nous n'avons pas à le dire. Si nous ne le disons pas, il sera difficile à la presse de savoir la situation exacte de nos camarades et je me place à un autre point de vue : est-ce qu'en admettant même le huis-clos, on peut penser qu'il sera rigoureux et absolu ? Il suffit de poser la question pour la résoudre; mais regardez encore ce que dit la presse depuis quelques jours. Dans la grande presse, vous avez des communications, des articles au sujet du Congrès socialiste, et vous avez vu comment on interprète l'intention de faire que les débats soient privés. Vous avez pu voir les arguments qu'on tire de cette intention seule, et cela pèse sur la classe ouvrière. Est-ce que le Parti Socialiste est un parti qui va se réunir, comme on le disait tout à l'heure, secrètement, dont le public ne saura que ce qu'on voudra qu'il sache ? Non; le Parti Socialiste n'a pas seulement son importance par les résolutions qu'il prend, mais par les discussions qui ont lieu dans ses Congrès, et pour lesquelles il tient à dissiper les équivoques. Aujourd'hui, dans toute la France, les socialistes, les travailleurs liront tous les journaux : non pas seulement les journaux sympathiques à nos idées, mais les journaux adversaires pour savoir ce que la presse adverse pense du Parti Socialiste, et pour saisir dans la controverse la vérité qui se dégage des débats. Je crois qu'il n'y a pas à insister et que nous serons d'accord pour décider des débats publics, comme pour tous les Congrès qui ont eu lieu jusqu'à ce jour.

Lafont. — Je fais constater que si, à l'heure actuelle, tout le monde sait qu'il y a ici un camarade militaire comme délégué, c'est parce qu'on a bien voulu, tout à l'heure, le signaler. La présence de ce camarade aurait pu passer inaperçue, et on a dit dans un Congrès public, car il n'est pas encore fermé... *(Vives protestations.— Mouvements divers.)*

Constans. — Il est fermé, tant qu'on ne l'a pas déclaré public ; qu'est-ce que vous racontez ?

Lafont. — Je crois que le citoyen Constans n'a pas remarqué qu'en dehors de la partie de la salle où se trouvent les délégués, il y a des membres du Parti qui ne sont pas des délégués.

Constans. — Nous voulons que le Congrès du Parti soit ouvert aux membres du Parti.

Lafont. — Parmi les membres du Parti qui ne sont pas délégués, comme du reste, parmi les délégués, il peut y avoir des citoyens qui se laissent aller à permettre des fuites... *(Approbation. — Vives interruptions sur certains bancs.)* Je déclarais simplement que ce qui a donné à la présence de notre camarade militaire, l'importance qu'elle a prise, c'est l'insistance qu'on avait apportée à signaler cette même présence. D'autre part — et c'est l'opinion du camarade soldat lui-même, qui est, en ce qui le concerne, indifférent à l'ouverture ou la fermeture du Congrès — il est venu ici, parce qu'il a cru pouvoir y venir : il ne s'oppose pas à ce que le Congrès soit public ou privé, cela lui est égal...

Plusieurs voix. — Mais pas à nous ! *(Mouvements divers.)*

Lafont. — Enfin, je donne un troisième argument : il y a des camarades moins scrupuleux que les autres qui se croiront le droit de faire des communiqués, et d'autres qui, comme nous, au contraire, ne croiront pas avoir ce droit : nous serons dans un état d'infériorité. Or, il faut une égalité complète pour tous les délégués, quelques scrupules qu'ils aient, et il faut pour cela que le Congrès soit ouvert à tout le monde.

Bon (Bouches-du-Rhône). — La plupart des délégués des Fédérations départementales sont appelés à la suite des travaux du Congrès, à aller rendre compte dans des réunions publiques, des travaux de ce Congrès. Si les Congrès doivent être fermés, il est nécessaire que nous sachions s'il ne sera pas possible de se servir de ces mêmes travaux pour faire de la propagande, puisque dans ces réunions, il y a des gens qui n'appartiennent pas au Parti. Ce serait un non sens de fermer le Congrès pour faire ensuite toute la publicité autour de lui.

Voix nombreuses. — Aux voix !

Le Président. — Je vais mettre aux voix la proposition de la Fédération du Nord; pour qu'il n'y ait pas de surprise, je rappelle que la Fédération du Nord demande que le Congrès ne soit pas public...

Guesde. — Soit ouvert à tous les membres du Parti...

Le Président. — ... ouvert à tous les membres du Parti, munis de leurs cartes.

Lauche. — Et que la presse soit exclue.

Le Président. — On demande qu'il soit donné lecture de la proposition de la Fédération du Nord. (Cette lecture a lieu.)

Vandorme (Nord). — Nous demandons le vote par mandat.

Il est procédé au vote par mandats, qui donne le résultat suivant :

Pour la publicité.......	155 voix.
Contre	120 voix.
Abstentions	5 voix.

La publicité des débats du Congrès est adoptée.

Voici le détail des votes :

Pour :

Algérie (1 mandat), Alpes (2), Ardennes (3), Aveyron (3), Bouches-du-Rhône (6), Bretagne (6), Cher (3), Doubs (2), Drôme et Ardèche (4), Eure-et-Loir (2), Haute-Garonne (6), Gascogne (2), Gironde (8), Hérault (5), Indre (1), Indre-et-Loire (3), Jura (2), Loir-et-Cher (2), Haute-Loire (1), Maine-et-Loire (2), Nièvre (4), Basse-Normandie (3), Puy-de-Dôme (5), *Rhône (2), *Saône-et-Loire (3), Sarthe (2), Deux-Savoies (2), Seine (33), Seine-et-Marne (3), Seine-et-Oise (8), Seine-Inférieure et Eure (2), Deux-Sèvres (2), Tarn (5), Var (4), *Vaucluse (3), Vienne (2), Vosges (5), Yonne (3).

Contre :

Allier (4 mandats), Ariège (1), Aube (6), Charente (2), Charente-Inférieure (2), Corrèze (2), Dordogne (4), Isère

(*) L'astérisque indique que les voix de la Fédération se sont divisées

(5), Loire (4), Lozère (2), Marne (4), Haute-Marne (3), Meurthe-et-Moselle (2), Nord (44), Oise (4), Pas-de-Calais (11), Basses-Pyrénées (2), Pyrénées-Orientales(2), *Rhône (3), *Saône-et-Loire (3), Somme (4), *Vaucluse (2), *Haute-Vienne (4).

Abstentions :

Alpes-Maritimes (3 mandats), *Haute-Vienne (2).

Absents au moment du vote :

Ain (2 mandats), Aisne (5), Aude (2), Côte-d'Or (3), Creuse (2), Gard (9), Landes (2), Loiret (1), Lot (1), Lot-et-Garonne (2), Vendée (1).

Guesde. — Que le petit soldat socialiste sorte ! *(Mouvements divers.)*

Schleicher, délégué par le Parti démocrate-socialiste de Metz, apporte le salut fraternel des travailleurs de la Lorraine annexée.

Maes, au nom du Parti socialiste belge, salue le Congrès en souhaitant la bonne réussite de ses travaux.

Le Président. — Je donne la parole au citoyen Aulagnier, pour le rapport de la Commission de vérication des mandats.

Aulagnier. — Nous avons eu à examiner en Commission une protestation du citoyen Gauthiot, en son nom et au nom de quelques délégués de la Fédération de la Seine, contre le mandat de la citoyenne Pelletier, parce que, dans le règlement de la Fédération de la Seine, il est dit que pour être délégué au Congrès, il faut avoir trois ans de présence au Parti. La citoyenne Pelletier n'aurait pas ces trois ans de présence.

La Commission n'a pas cru devoir retenir la protestation. Le règlement de la Fédération de la Seine ne concerne que celle-ci et non les autres Fédéra-

(*) L'astérisque indique que les voix de la Fédération se sont divisées.

tions. Dans ces conditions, la Commission a conclu que le mandat de la citoyenne Pelletier était régulier.

Je résume : il y a 307 mandats représentés par 148 présents, 34 non présents, et 23 qui n'ont pas envoyé la formule de leur mandat.

Dubreuilh. — Plusieurs Fédérations adhérentes au Parti ne sont pas représentées au Congrès, parce qu'elles n'ont pas rempli, cette année, leurs obligations vis-à-vis de l'organisme central, c'est-à-dire parce qu'elles n'ont pris ni cartes, ni timbres. Parmi ces Fédérations, il y en a une qui a tenu son Congrès fédéral et nous a écrit pour demander à être représentée ici : la Fédération de la Corse. La Commission Administrative Permanente a répondu que la Fédération de la Corse, n'ayant pas acquitté ses obligations vis-à-vis du Parti, ne pourrait pas être représentée par un délégué ayant voix délibérative, mais que le camarade serait naturellement accueilli parmi nous fraternellement et pourrait prendre part aux débats, sans toutefois avoir le droit de vote.

Le rapport de la Commission de vérification, mis aux voix, est adopté.

Le Président. — La parole est au citoyen Pernot.

Pernot (Vosges). — Bien que les moments du Congrès soient précieux, j'espère que vous me permettrez de retenir quelques instants votre intention sur le crime abominable qui vient d'être commis dans les Vosges, à Raon-l'Etape, contre de malheureux ouvriers, coupables seulement de revendiquer leurs droits et leur dignité. (*Applaudissements.*) Il importe, pour que vous puissiez juger en toute connaissance de cause, que je vous dise rapidement les raisons qui ont motivé la grève de Raon-l'Etape. Dans ces usines les salaires étaient dérisoires : ils l'étaient tellement, qu'aujourd'hui ces malheureux travailleurs considèrent comme un succès, comme un triomphe, d'avoir obtenu l'heure de 0 fr. 30. Dans cette usine, les lois sociales n'existaient pas pour ce patron, grand admirateur du bloc, grand électeur aussi... (*très bien !* sur certains bancs), il n'y avait aucun règlement, le registre de l'usine qui sert à consigner les observations de l'inspecteur du travail était rempli de mises en demeure jamais exécutées...

Une voix. — Il était l'ami du Gouvernement.

Pernot. — Enfin, lassés, les ouvriers, il y a quelques mois, se sont constitués en Syndicat. Naturellement, de nombreux ouvriers ont payé de leur place cette audace. Le Syndicat, pourtant, tint bon; de nouvelles victimes furent encore sacrifiées. N'en pouvant plus, les ouvriers se sont mis en grève ; pendant quinze jours, pacifiquement, ces malheureux camarades traînaient à travers les rues de Raon-l'Etape leur misère ; ils se tenaient rigoureusement dans la légalité : aucun bruit, aucun désordre n'avaient lieu.

Enfin, le jour funeste arriva, le jour où, paraît-il, le peuple est souverain — le jour du vote. Le gouvernement ne l'avait pas oublié : il envoya à Raon-l'Etape des troupes et des gendarmes en grand nombre. Ce jour-là nos camarades avaient décidé, encore et malgré tout, d'accomplir leur promenade quotidienne, toujours avec le même esprit pacifique, avec le même souci de se maintenir dans la légalité. Passant devant l'Hôtel de Ville, sans que rien justifiât ce mouvement, un capitaine de gendarmerie se précipita vers le drapeau rouge syndical, revêtu de la marque du Syndicat et voulut l'arracher, bien que ce drapeau se promenât depuis plus de trois quarts d'heure dans les deux communes de Raon et de la Neuville. Naturellement, les ouvriers défendirent leur drapeau, et de là le conflit sanglant où notre pauvre camarade Thirion a laissé la vie et où d'autres camarades ont été blessés grièvement.

Aujourd'hui, le Gouvernement fait une enquête ; mais naturellement, cette enquête, poursuivie par les coupables ou par ceux qui ont intérêt à les innocenter, se conclura sans doute en rejetant sur nos malheureux frères de Raon-l'Etape toute la responsabilité des conséquences de cette terrible journée. C'est pour cela, Citoyens, que je propose au nom de la Fédération des Vosges, la motion suivante :

Le Congrès Socialiste de Nancy adresse son salut ému aux victimes de l'assassinat de Raon-l'Etape;

Considère qu'il ne peut y avoir que partialité dans une enquête qui est faite par les coupables ou ceux qui ont intérêt à les innocenter;

Ajoute que toute la responsabilité remonte au gouvernement qui, en envoyant des troupes contre des travailleurs abritant leurs revendications derrière la légalité, a creusé un fossé de sang qui le sépare à tout jamais du peuple.

Si j'emploie, dans cette résolution, le terme d'assassinat, ce n'est pas moi qui l'ai inventé : ce sont les commerçants de Raon-l'Etape et de La Neuville, indignés de la façon brutale dont on s'était conduit contre les travailleurs, qui ont souscrit une couronne, sur laquelle on pouvait lire : « A la victime de l'assassinat du 28... » (*Applaudissements.*)

Le Président. — Je ne crois pas qu'il y ait d'opposition, je mets cette motion aux voix.

La motion est adoptée à l'unanimité.

Constans. — Je voudrais demander aux camarades de la Fédération des Vosges de mettre entre les mains du Groupe socialiste de la Chambre tous les éléments qui pourront lui permettre de faire une enquête et d'en saisir la Chambre.

Lauche. — Je m'associe à la demande de Constans : c'est un devoir à remplir pour le Parti Socialiste. Je me suis trouvé avec des camarades des Vosges à Raon, j'ai visité les victimes et partout j'ai reçu des témoignages accablants, de nature à permettre à nos camarades députés une intervention qui aura une grande portée.

Dans des cas semblables, le Parti Socialiste devrait, au lendemain des faits, envoyer un des élus sur les lieux, non pas pour exploiter l'accident, mais pour contrebalancer la pression officielle qui s'exerce dans l'enquête. *(Approbations.)*

Dreyfus. — Je tiens à ajouter de nouveaux renseignements à ceux donnés par les camarades Pernot et Lauche : la preuve de la partialité du gouvernement est dans ce fait, que les élections ont été supprimées dans les communes de La Neuville et de Raon. A trois heures de l'après-midi, la clôture du vote a été prononcée quand elle devait n'avoir lieu qu'à six heures et, malgré cela, la sous-préfecture a proclamé élu le candidat blocard.

Les camarades avocats devraient donner à la Fédération des Vosges, si cela est possible, le moyen juridique de poursuivre, car les principes les plus élémentaires du droit de vote ont été violés.

Rappoport. — Après ce vote unanime contre les cosaques français, je demande au Congrès de se rappeler les cosaques russes et d'envoyer son salut aux révolutionnaires russes en général et à la fraction parlementaire tout entière qui se trouve en prison, en route pour les travaux forcés ou la Sibérie. (*Applaudissements.*)

(La séance est levée à midi).

Séance de l'après-midi

La séance est ouverte à 2 h. 1/2.

Président : *Groussier* ; assesseurs : *Pernot* (Vosges) ; *Trelluyer* (Algérie).

Le Président. — L'ordre du jour appelle le rapport du Conseil National. La parole est au citoyen Dubreuilh, secrétaire du Parti.

Dubreuilh. — Conformément aux règlements établis, la Commission Administrative Permanente a publié, un mois environ avant le Congrès national, le rapport sur ses travaux et sur les travaux du Conseil National. Ce rapport a été envoyé, par la voie du *Socialiste,* à toutes les Fédérations, et il est certain que les secrétaires fédéraux ont mis les groupes, les sections et les Fédérations, en mesure de connaître les travaux du Conseil National. D'autre part, le numéro du *Socialiste* portant le rapport a été, ce matin, distribué, et, à l'heure actuelle, tous les camarades assistant au Congrès, l'ont entre leurs mains.

Ce rapport, par la force même des choses, s'arrête à la date du 1er juin, c'est-à-dire à la date à laquelle a été clôturé l'exercice courant, et par conséquent, tant au point de vue des cartes prises, qu'au point de vue des timbres pris, et au point de vue également de la propagande exercée par le Parti, le tableau qui est joint au rapport ne va pas plus loin que cette date. Il faut, cependant, faire entrer en ligne de compte la propagande qui a été exercée depuis lors par le Parti, et notamment par ceux qui le représentent auprès des Fédérations, par les délégués permanents. C'est pour cela, camarades, qu'à côté des indications qui vous ont été déjà données et que vous trouvez dans le rapport, il convient de signaler la propagande suivante, qui a été accomplie. Le citoyen Renaudel, à partir de la date du 2 juin, a donné 40 réunions, ce qui élève à 151 réunions le nombre total de ses conférences au cours des dix mois qui se sont écoulés depuis le Congrès de Limoges. Le citoyen Cachin a donné 38 réunions, ce qui élève à 143 réunions le nombre total de ses conférences. Le citoyen Roldes, 35 réunions, ce qui élève à 116 le total de ses conférences.

Je dois ajouter encore 36 conférences données par le citoyen Poisson, ce qui élève son chiffre à 145 conférences; et 20 conférences données par le citoyen Cabanes. Je dois également vous entretenir de deux délégations temporaires qui ont été confiées, l'une au citoyen Victor Renard, de la Fédération du Nord, l'autre au citoyen Compère-Morel, de la Fédération de l'Oise. Notre camarade Renard a bien voulu passer une huitaine de jours auprès des grévistes et leur apporter à la fois le concours de son expérience et de son dévouement. De même, le citoyen Compère-Morel a bien voulu se rendre auprès des grévistes de la Brie, plus particulièrement dans le canton de Mormant, au cours de la lutte qu'ils ont soutenue contre le grand patronat agricole. Il a passé là-bas une dizaine de jours, fait huit à dix conférences, et prodigué également aux camarades en lutte le concours de son dévouement et de sa compétence.

D'autre part, je signalerai que le tableau des conférences que nous avons présenté, tableau de la propagande totale réalisée par le Conseil National, est forcément incomplet. Nous ne pouvons, en effet, tenir compte que des réunions dont les Fédérations veulent bien nous entretenir. Les Fédérations, tout naturellement, s'adressent à nous pour obtenir des orateurs, mais souvent, quand ces orateurs sont obtenus, elles ne songent pas à nous dire : l'orateur est venu, l'effet a été celui-ci, nous sommes satisfaits ou mécontents... Nous ne pouvons tout naturellement tenir compte que des réunions qui nous sont signalées, et c'est pour cela que le tableau récapitulatif que nous présentons, ne coïncide pas exactement avec l'effort accompli et que certains députés, notamment, se trouvent lésés par les indications fournies. Notre camarade Constans, je ne citerai que celui-là, — m'a écrit pour me dire, — et ceci était tout naturel, puisque nous le demandions à tous les députés : vous n'indiquez pas le chiffre réel des réunions auxquelles j'ai participé, j'en ai fait beaucoup plus. Il a raison, il en a fait beaucoup plus, et si le tableau du Conseil National n'en tient pas compte, c'est parce que, je le répète, les Fédérations ne nous ont pas procuré les renseignements qui nous auraient été indispensables pour être complets.

Je tenais à faire cette remarque, afin qu'à l'avenir, que l'année prochaine, les Fédérations, les sections s'adressent à nous, non seulement pour obtenir des concours, mais encore pour nous tenir au courant des conditions dans lesquelles ces concours se sont manifestés, afin que l'organisme central puisse savoir exactement avec quel zèle et quelle efficacité chacun, élu ou non élu, s'est associé à l'œuvre de propagande générale.

Puisque je parle de zèle et d'efficacité, permettez-moi, au nom de la Commission Administrative Permanente, de remercier ceux des députés qui, plus que les autres, se sont consacrés à cette œuvre. Je citerai en première ligne les citoyens Carlier, Ghesquière, Willm.

Ceci dit, je n'ai plus qu'à écouter les observations qui seront faites au rapport présenté par la Commission.

Compère-Morel (Oise). — Camarades, le 13 janvier dernier, le Conseil National votait deux résolutions signées, l'une par Vaillant et Renaudel, l'autre par Tanger et Allemane, où l'on invitait tous les groupes et militants à faire partout, dans le Parti, les efforts les plus énergiques pour développer l'*Humanité,* lui assurer des lecteurs et des abonnés nouveaux. Toutes les Fédérations ont fait leur devoir : les petites comme les grandes, les plus simples militants comme les militants les plus en vue, en tâchant de diffuser cet organe qui est le seul, actuellement, dans lequel on peut avoir confiance, puisque cet organe défend la classe ouvrière et les intérêts du Parti.

Quel n'a pas été notre étonnement quand, le 30 juillet dernier, *l'Humanité* publiait un article, signé du secrétaire de la Confédération générale du Travail, où un de nos camarades était pris violemment à partie, ainsi qu'une fraction du Parti Socialiste lui-même ?

Ces attaques contre le Parti socialiste avaient besoin d'être relevées. On nous dira que le jour où, comme membres du Conseil National, nous avions voté la résolution de diffuser la propagande de *l'Humanité,* nous connaissions très bien la collaboration de Pouget, de Latapie et de Griffuelhes, de la Confédération générale du Travail. Oui, nous la connaissions ; nous savions parfaitement que ces camarades venaient faire de la propagande syndicaliste dans *l'Humanité,* qui était considéré comme l'organe du Parti et de défense des intérêts de la classe ouvrière ; mais nous, militants de la province, qui ne sommes pas au courant des roueries de la politique dans le Parti Socialiste (*Approbations sur certains bancs.*) nous ne soupçonnions pas que ces camarades s'étaient introduits dans le Parti Socialiste, en politiciens habiles et avisés, pour combattre la politique du Parti Socialiste. Et alors, quand nous avons vu les attaques dont a été l'objet un de nos camarades, nous avons découvert que la collaboration des Pouget, des Latapie, des Griffuelhes, était une nouvelle tactique des anarchistes s'introduisant dans le Parti Socialiste par le journal *l'Humanité...* (*Interruptions diverses*) pour combattre le Parti. Nous pouvons faire remarquer que dans la tribune syndicale et coopérative de *l'Humanité,* ce n'est pas de la défense de la classe ouvrière qu'on fait, c'est une lutte continuelle contre le Parti Socialiste.

On ne cesse de dire, en effet, que le syndicalisme se suffit à lui-même, et on dit aux camarades qui vont au Parti : Comment ! tu vas payer deux cotisations, une à ton groupe politique, une à ton Syndicat... Mais, malheureux, ne paie donc qu'une cotisation à ton Syndicat et laisse de côté les Partis politiques. Et c'est ainsi que les hommes de la Confédération, qui entrent à *l'Humanité* pour combattre nos doctrines et pour empêcher l'affiliation de nos camarades au Parti, cherchent à enrayer le développement du Parti Socialiste. A Paris même, où la Fédération de la Seine était toute puissante, est-ce que cette Fédération n'a pas constaté une diminution de ses cartes ? Est-ce qu'à Paris même, on n'a pas constaté qu'il y avait de plus en plus des abstentions électorales ? Et alors, nous nous demandons si *l'Humanité* doit être un journal accueillant dans son sein les éléments les plus réfractaires à l'idée socialiste, pour la combattre ? Nous avons donc le droit de nous élever contre cette tendance, et nous disons que s'il y a utilité, nécessité à ce qu'une tribune syndicale et coopérative soit ouverte dans le journal considéré comme l'organe du Parti, il faudrait tout au moins modifier les choses à cet égard : nous avons, dans le sein même de notre Parti, des camarades qui sont aptes à pouvoir écrire dans la Tribune syndicale et coopérative, qui ont toujours fait du syndicalisme, avant même que les syndicalistes de l'heure présente y fussent venus. (*Applaudissements*). Que ceux-là, et ceux-là seuls en soient les rédacteurs...

C'est ainsi, citoyens, que nous avons le devoir de dire à ceux qui ont la charge de diriger *l'Humanité*, pour laquelle on demande des sacrifices de la part du Parti : vous n'avez pas le droit de prendre comme collaborateurs ceux-là mêmes qui sont les ennemis du Parti Socialiste. Et c'est dans ces conditions que nous proposons au Congrès la motion suivante :

Le Congrès Socialiste de Nancy reconnaît l'utilité de la « Tribune Syndicale et Coopérative », ouverte dans les colonnes du journal l'*Humanité*, organe à la disposition du Parti et de la classe ouvrière;

Mais considérant que cette tribune ne doit pas servir aux anarchistes de la C. G. T. luttant contre le socialisme,

Décide que, seuls, les membres du Parti pourront y collaborer.

Corgeron (Aube). — Après ce qui vient d'être dit par le précédent orateur, il reste peu de choses à indiquer. La Fédération de l'Aube a protesté contre la situation qui vient de vous être signalée. Nous tenions à vous faire comprendre notre protestation. Il nous a semblé, sur le moment, que la Commission exécutive déléguée à l'administration de *l'Humanité* aurait peut-être interdit la publication d'un pareil article, s'il avait visé Jaurès... (*Interruptions diverses*) parce que nous pensions qu'il aurait été loin de la pensée de ceux-mêmes qui ont partagé notre tactique à un moment donné de laisser insulter Jaurès dans le journal auquel il collabore, et nous nous sommes dit, dans tous les cas, qu'il était impossible de permettre à des hommes qui se sont déclarés non seulement des adversaires du Parti Socialiste en France, mais dans l'Europe entière, de laisser combattre le socialisme et ceux qui le représentent, dans le journal même du Parti.

Je dis, comme l'indiquait le citoyen Compère-Morel : Quelle figure ferons-nous, quand nous dirons aux travailleurs qu'ils doivent entrer dans l'Internationale, que c'est leur devoir, et qu'ils nous montreront le dernier article de Latapie ?... En lisant l'*Humanité*, nous avions oublié notre ancienne méfiance contre la *Petite République*, qui a versé dans le confusionisme que vous savez. Nous nous sommes dirigés vers l'*Humanité*, et je crois que nous aboutissons à un nouveau confusionnisme. Il faut s'expliquer franchement. Il faut que ceux qui ont la haute main sur l'*Humanité* disent s'ils veulent continuer dans les mêmes conditions que précédemment, et nous demandons à savoir si l'*Humanité* doit être l'organe du Parti ou un élément de confusion et de découragement ouvrier. (*Applaudissements.*)

Jaurès (Tarn). — Je remercie nos camarades d'avoir produit tout de suite ces observations, parce qu'elles nous permettent de nous expliquer dès le début du Congrès.

Dans leurs observations, il y a deux points différents : il y a d'abord une question de fait relative à un incident récent et particulier, et puis, il y a une question beaucoup plus générale.

Sur les attaques personnelles dont Guesde a été l'objet dans un article de l'*Humanité*...

Guesde. — Cela n'a pas d'importance...

Jaurès. — Mais si, — et je prends votre parole dans le sens où vous l'avez dite, — je dis qu'en effet j'étais sûr d'avance de recueillir l'approbation de Guesde lorsque je dirais que nul, plus que moi, n'a regretté cet incident. Si j'avais été présent à Paris, — et j'en étais à plusieurs journées — et si j'avais pu voir l'article, j'aurais personnellement, — j'insiste sur ce mot — demandé à son auteur d'en faire disparaître la partie de polémique personnelle.

Lorsque j'ai connu l'incident, j'ai su en même temps que le Conseil d'administration du journal, où il y a des représentants des Coopératives, des représentants des Syndicats, mais où il y a aussi, qu'il me soit permis de le rappeler, des représentants du Parti en grand nombre, et, dans toutes ses nuances, dans la diversité et la liberté naturelles de ses tendances, j'apprenais que ce Conseil d'administration se réunissait pour publier lui-même une note, et je vous l'avoue, citoyens, j'aime mieux que ce soit le Conseil d'administration du journal qui intervienne, avec son autorité collective, avec sa délégation collective, que d'intervenir sans cesse moi-même, personnellement, dans les détails de la direction... (*Très bien !*)

Je savais donc que le Conseil d'administration allait essayer de règler l'incident : il l'a fait par une note qui avait recueilli, je crois, l'assentiment de tous les membres du Conseil. Depuis, ceux qui avaient des réponses à faire à Griffuelhes, les ont faites dans le journal, en toute liberté, quelquefois en toute vivacité même ; j'y ai été pris à partie par Paul Faure, qui paraissait ignorer que je n'étais pas à Paris à cette date. Je n'ai même pas rectifié, ne voulant pas envenimer le conflit par des interventions personnelles, et j'espère, ou plutôt, je suis sûr qu'entre Guesde et moi, il ne restera aucune trace personnelle de cet incident. (*Approbation.*)

C'est donc une question beaucoup plus générale et beaucoup plus importante qui est posée : quels que puissent être les inconvénients résultant de ces collaborations multiples, faut-il les maintenir ou faut-il les supprimer ?

Je persiste à penser énergiquement, passionnément, que dans l'intérêt même du Parti Socialiste, et pour amener, non pas d'autorité, non pas de contrainte, mais pour amener enfin l'union de toutes les forces socialistes et ouvrières, je prétends qu'il vaut mieux maintenir cette collaboration. (*Applaudissements.*)

Je le prétends, parce que, citoyens, je ne peux pas méconnaître, et vous, Parti Socialiste, vous ne pouvez pas méconnaître qu'il y a, à cette heure, une Confédération générale du Travail... (*Approbation.*)

C'est un fait. Que cette Confédération Générale du Travail ait certaines tendances qui puissent choquer plusieurs d'entre nous, qui puissent, si vous voulez, nous choquer tous — et il est des points sur lesquels j'aurai plus d'une fois l'occasion d'entrer en controverse et en conflit avec ses représentants — cela est possible. Mais, quelles que soient ces tendances qui peuvent vous choquer, c'est un fait que la Confédération générale du Travail existe, que c'est sous cette forme, qu'à l'heure actuelle, la classe ouvrière de France a commencé à ébaucher son groupement économique, sa concentration ouvrière et si nous, socialistes, avant de faire accueil à cette force, nous essayons de lui imposer des conditions préalables, si nous ne lui faisons pas confiance, si nous ne proclamons pas que nous avons une telle foi dans la puissance de l'idée socialiste, que nous savons que la seule vertu de l'action socialiste et de l'action ouvrière amènera un rapprochement, quels que puissent être les dissentiments temporaires qui se produisent, si nous prétendons d'avance l'enfermer, de force et prématurément, dans notre formule, nous retardons cette grande réunion... (*Très bien !*)

Je n'ai pas autre chose à dire, sinon que la motion de Compère-Morel aurait pour effet, à mon avis, d'aggraver les dissentiments, les malentendus qu'on veut dissiper, et qu'elle consisterait en même temps à trancher d'avance, sur la question particulière de l'*Humanité*, la grande question des rapports du Parti et de la Confédération générale du Travail, qui est inscrite, dans sa généralité, à l'ordre du jour. (*Applaudissements.*)

Constans (Allier). — Je veux ajouter quelques mots à ce qui a été dit par Compère-Morel et par Corgeron.

Jaurès a raison : le fait personnel de l'incident Guesde ne compte pas à nos yeux, au sujet des observations que nous avons à présenter ici...

Jaurès. — Un seul mot : c'est que je suis sûr que, de tous les socialistes de France, celui qui a été le plus peiné au sujet des attaques personnelles qui se sont produites, c'est moi.

Constans. — Nous n'en doutons en aucune façon. Ce que nous retenons, — et c'est pourquoi nous avons voulu faire des observations au rapport du Conseil National — c'est ce fait général et permanent que, dans l'*Humanité,* il y a une collaboration qui, systématiquement, attaque l'action du Parti Socialiste, qui, dans tous ses articles, s'efforce de démontrer à la classe ouvrière organisée corporativement dans les Syndicats qu'elle n'a rien à faire avec l'organisation socialiste, politique de cette même classe ouvrière ; cela est écrit en toutes lettres dans les articles de Griffuelhes et de Pouget.

Eh bien, il s'agit de savoir si, dans le journal que le Parti doit propager, pour lequel nous nous sommes efforcés de faire de la propagande, — et personnellement, à l'occasion des élections cantonales, j'ai demandé 200 affiches que j'ai fait coller partout, avec la signature de nos candidats ; il s'agit de savoir si, dans cet organe qui peut se présenter devant la classe ouvrière comme ne vivant que de l'effort des ressources de cette classe, nous devons laisser propager cette thèse que l'action politique du Parti Socialiste est inutile, qu'elle est néfaste : ou alors, il faut que le Conseil d'administration de l'*Humanité* ait le courage de venir proposer ici, au Congrès National, la dissolution du Parti Socialiste... (*Mouvements divers.*)

Si l'organisation politique de la classe ouvrière est un leurre pour celle-ci, s'il est vrai que l'organisation syndicale se suffit à elle-même, pour l'émancipation du prolétariat, pourquoi sommes-nous ici ?

Pourquoi demandons-nous au prolétariat de verser des cotisations aux groupements politiques ? Je dis que nous faisons une besogne de dupes ou que nous dupons la classe ouvrière, s'il est vrai, comme cela est écrit dans l'*Humanité*, que notre Parti soit inutile et nuisible même à la classe ouvrière... (*Interruptions diverses.*)

Jaurès vient de nous dire : Je suis résolument, passionnément partisan de continuer cette collaboration ; pourquoi ? Parce qu'il ne faut pas vouloir enfermer le prolétariat dans une formule étroite d'action politique... Mais, est-ce que nous avons émis, à un moment quelconque, une opinion « hostile » à l'organisation sur le terrain corporatif de la classe ouvrière ?

Est-ce que les militants socialistes, dans toutes les réunions de propagande, ne disent pas, comme conclusion : « Quant à vous, salariés, exploités par le capital, votre premier devoir et votre intérêt de premier ordre, c'est de vous organiser corporativement en Syndicat, pour vous défendre par la solidarité et ne pas rester une poussière dont la bourgeoisie se débarrassera en soufflant dessus. » Nous le disons tous et nous avons le devoir de le dire.

Nous ajoutons : l'action syndicale n'est pas tout ; car, dans la société de demain, le Syndicat ne remplira plus le rôle de bataille contre le capitalisme, puisque le capitalisme aura disparu. Mais est-ce qu'il n'y a pas une autre action à faire, est-ce qu'il n'y a pas la nécessité de conquérir le pouvoir politique pour donner à la classe ouvrière l'instrument de transformation, de révolution, que ce pouvoir politique soit conquis par le bulletin de vote, de haute lutte, par tout autre moyen ?

Ainsi donc, nous n'avons pas le droit de laisser dire dans notre journal que l'organisation syndicale suffit et qu'il n'y a rien à faire par l'action politique.

Lorsque, revenus des Congrès nationaux, nous avons fait l'unité, nous avons dit à nos Syndicats : vous devez, vous, classe ouvrière organisée corporativement, faire l'unité avec le Syndicat d'à côté ; il ne doit y avoir qu'une organisation politique de la classe ouvrière, comme il ne doit y avoir qu'une seule organisation corporative. C'est donc nous qui avons fait l'unité des Syndicats ; qui est-ce qui a détruit cette unité ? Ce sont certains syndicalistes, qui ont chauffé à blanc les ouvriers au moment des manifestations du Premier Mai et qui ont disloqué complètement les Syndicats à Montluçon, en les poussant à une grève malheureuse.

Sorgue. — Et pour cause : parce que vos Syndicats n'ont rien de révolutionnaire. Vous avez fait une besogne épouvantable ! (*Interruptions diverses. — Bruit.*)

Constans. — Puisque c'est ainsi, nous allons discuter... (*Vives protestations de la citoyenne Sorgue.*)

Le Président. — Vous aurez la parole à votre tour.

Constans. — La citoyenne Sorgue apporte ici un écho certainement affaibli de l'article qui a été publié contre moi dans le *Libertaire...*

Sorgue. — C'est mon droit !

Constans. — C'est votre droit ; mais c'est mon droit aussi de venir rectifier ce que j'appellerai tout simplement des erreurs, pour être poli.

Je vous mets au défi...

Sorgue. — De quoi ? (*Violentes protestations sur un grand nombre de bancs.*)

Constans. — D'apporter un fait quelconque en contradiction avec ce que je suis en train de dire, que c'est nous qui avons fait l'unité syndicale : c'est nous qui avons créé la Bourse du Travail ; et dans cette Bourse du Travail, qu'on nous accuse de vouloir pénétrer pour subordonner l'action syndicale à ce qu'on appelle les politiciens, les élus socialistes n'y sont jamais entrés qu'une fois, sur l'invitation des Syndicats en 1901, au moment d'une grève que j'avais défendue, parce que nous ne nous contentons pas d'être des révolutionnaires en chambre : lorsqu'il y a une place à prendre et un danger à courir entre les grévistes et les troupes, nous y sommes...

Sorgue. — Derrière les croisées !... (*Violentes protestations et bruit.*)

Constans. — Eh bien, cette fois, l'unique circonstance où le « politicien » que je suis a pénétré à la Bourse du Travail, ç'a été sur la demande de la Bourse du Travail elle-même, pour examiner le projet de répartition du secours de 1.500 francs accordé sur ma demande par le Conseil général. Mon projet a été adopté à l'unanimité, je me suis retiré et jamais, dans aucune circonstance, nous n'avons demandé au Syndicat le moindre concours électoral.

Nul d'entre vous n'a la prétention d'imposer sa manière de voir sur certains points particuliers de propagande ou de tactique aux camarades d'à côté ; nous sommes d'accord pour que la plus grande liberté soit admise dans le Parti Socialiste, pour discuter entre nous ce que nous pensons être la vérité sur tel ou tel point de tactique, et c'est précisément pour cela qu'il y a des Congrès, dans lesquels nous venons les uns et les autres dire ce que nous croyons utile à l'organisation et à l'émancipation de la classe ouvrière ; mais, en dehors de cela, il me semble qu'il y a une limite : Joseph Prudhomme disait que la liberté n'est pas la licence. Je ne voudrais pas reprendre ces mots-là, mais j'estime que vraiment, dans l'organe du Parti Socialiste, on n'a pas le droit de dire que le Parti est inutile et que l'action politique du prolétariat est un leurre. Ou, si elle est un leurre, soyons logiques et prononçons la dissolution du Parti Socialiste. (*Mouvements divers: Applaudissements.*)

Compère-Morel.— Je voudrais répondre quelques mots à Jaurès. Nous n'avons pas mis en discussion la question des rapports entre la Confédération générale du Travail et le Parti Socialiste : nous avons seulement fait constater qu'il y avait quelques compagnons anarchistes qui luttaient contre le Parti Socialiste dans l'organe qui passe pour être l'organe officiel du Parti. Rien de plus. Il est certain que nous ne sommes pas de ceux qui voulons briser tout rapports avec la Confédération, puisqu'au contraire, notre fraction est celle qui désire l'union, l'entente avec celle-ci ; mais nous nous refusons à comprendre que les éléments qui sont étrangers à notre Parti, divisés sur le principe même qui nous fait agir, collaborent à l'organe de notre Parti.

Jaurès disait : la discussion est ouverte entre tous, nous ne la craignons pas ; nous voulons que chacun apporte sa conception particulière et les camarades ouvriers décideront en commun quelle est leur tactique... Mais vous savez bien vous-mêmes que la classe ouvrière, qui n'a même pas le temps de lire les organes socialistes, qui est tellement exploitée qu'elle n'a même pas le temps de prendre connaissance des organes et des brochures du Parti, n'a pas la possibilité matérielle de discuter contradictoirement ; elle n'est pas arrivée à ce degré de conscience socialiste et de liberté intellectuelle qui lui permettraient de juger entre les différentes conceptions anarchiste et socialiste. Nous devons, dans l'organe officiel de notre Parti, apporter de la politique socialiste, faire de la politique socialiste, de la théorie socialiste, et nous ne devons pas faire autre chose.

Quant à la Tribune syndicale et coopérative, que nous jugeons nécessaire, les camarades du Parti ont le droit d'y apporter leurs conceptions différentes du syndicalisme et de la coopération, mais nous n'admettons pas que des adversaires, que des anarchistes viennent y écrire, nous critiquer, nous injurier, et discuter une politique qu'ils n'acceptent pas. (*Approbations sur certains bancs.*)

Sorgue (Aveyron). — Citoyen Compère-Morel, vous venez de dire quelque chose qui ne peut manquer de faire sourire... (*Mouvements divers.*) Le rôle que vous voulez faire jouer à l'*Humanité* est un rôle bien inférieur : vous voulez que dans le journal du Parti Socialiste, soi-disant de la Révolution sociale, on impose une idée au prolétariat...

Compère-Morel. — L'idée socialiste !

Sorgue. — Oui, je le veux bien : une idée, vous voulez qu'on lui impose un dogme, qu'on lui fasse des suggestions socialistes. Eh bien, le rôle du Parti n'est pas celui-là, il n'y a pas une question qui ne doive pas être soumise au libre examen, même dans le socialisme, à la libre critique ; il faut que toutes les questions puissent être discutées, afin de n'être imposées à personne. Le prolétariat n'est pas, si vous me permettez cette comparaison, un sujet qui doit subir les suggestions, qu'elles soient guesdistes, jauressistes ou blanquistes. Le socialisme est une idée autrement grande, autrement vaste. Il faut donc qu'au sein du Parti Socialiste on puisse discuter toutes les idées ; il faut également que les libertaires puissent, dans le Parti Socialiste... (*Interruptions diverses.*) C'est au prolétariat de choisir...

Compère-Morel. — On donnera une colonne à Drumont !

Sorgue. — J'estime que l'*Humanité*, en agissant comme elle l'a fait, a fait preuve de largeur de vues, a eu une attitude vraiment socialiste, vraiment révolutionnaire, car elle a prouvé par là qu'elle n'entend rien imposer au prolétariat, qu'elle lui demande de réfléchir, de se poser à lui-même les questions, et de ne les résoudre qu'en pleine connaissance de cause. Il est beau, votre prolétariat, s'il ne peut pas penser par lui-même : s'il faut qu'il adopte votre pensée, qu'est-il ?

Les temps ont changé. Le prolétariat n'est plus un troupeau, comme autrefois, qui suivait de bons ou de mauvais bergers. Le prolétariat, aujourd'hui, est arrivé à la conscience vraiment révolutionnaire, et prenez garde que le prolétariat ne se retourne contre vous et ne marche dans une voie tout autre que celle dans laquelle vous prétendez le faire marcher coûte que coûte.

Le syndicalisme révolutionnaire fait des progrès de jour en jour, comme j'ai pu le constater dernièrement pendant la tournée de conférences que j'ai faites dans le Midi. Et si vous saviez comme il parle de certains socialistes et surtout du rôle joué par certains maires de la Sociale dans les grèves... Vous verriez que vous n'êtes pas du tout à l'unisson. Au contraire, j'ai entendu de nombreux syndiqués me dire : En ouvrant les colonnes de l'*Humanité* aux membres de la Confédération, l'*Humanité* s'est réconcilié bien des syndiqués qui se détournaient complètement de l'action parlementaire socialiste. (*Applaudissements.*) Il y a quelque temps, on ne lisait pas l'*Humanité* dans les milieux syndicalistes, tandis que maintenant elle est lue, et, dans ces conditions, on peut juger de la doctrine parlementaire, comme de la doctrine syndicaliste. Je repousse donc, au nom de la Fédération de l'Aveyron, la proposition du citoyen Compère-Morel.

Voix nombreuses. — La clôture !

Lauche. — Le débat, me semble-t-il, a un peu dévié et il faudrait maintenant le replacer sur son véritable terrain. Nous ne discutons pas les rapports qui doivent se produire ou non entre la Confédération et le Parti Socialiste : nous discutons la collaboration de quelques citoyens au journal l'*Humanité*, et où je trouve que vous faites erreur et où la résolution que vous apportez n'est pas une résolution acceptable, c'est lorsque vous dites qu'il y a, à l'*Humanité*, une collaboration de libertaires.

Autant que vous, peut-être, je suis adversaire de

certains moyens de l'action syndicale ; mais, en vérité, est-ce que l'*Humanité* a fait appel pour la Tribune syndicale à des libertaires et à des socialistes ? Non, elle a fait appel simplement à des représentants de l'action syndicale en France. (*Approbation.*)

Il faut aller plus loin : à côté de certains camarades qui professent des théories libertaires, mais qui n'en sont pas moins les représentants de l'action syndicale en France, vous avez d'autres camarades qui pouvaient collaborer à l'*Humanité*, dont le devoir absolu était d'y collaborer, et qui, pour des raisons que je ne comprends pas, ne l'ont pas fait. Vous avez d'autres citoyens qui sont des socialistes, comme Renard, et qui, avec raison, écrivent dans l'*Humanité* des articles que nous apprécions et qui nous réconfortent.

On vient nous dire qu'il y a danger à ce que des hommes qui représentent l'action syndicale expriment leurs idées dans l'organe du Parti Socialiste, où pourtant nos camarades peuvent librement exposer une thèse différente : mais alors, tout à l'heure, ou demain, lorsque nous allons discuter des rapports entre le Parti et l'organisme central d'action syndicale, est-ce que nous n'allons pas nous trouver en rapport avec les mêmes hommes dont nous repousserions ici l'action ? Comment ! vous ne voulez pas qu'ils collaborent à l'*Humanité*, vous dites qu'ils ne font pas une besogne socialiste, que l'action syndicale qu'ils préconisent n'est pas celle pour laquelle vous luttez, et vous voulez établir avec eux des rapports officiels, dans tous les cas des rapports qui seront à déterminer ensuite ?...

Il est nécessaire de marquer d'ores et déjà la difficulté qui naîtra tout à l'heure : si ces hommes sont bons pour collaborer avec le Parti au point de vue de l'action, cette collaboration doit être bonne à laisser se produire dans les colonnes du journal du Parti Socialiste.

Il faut oublier les ennuis, les amertumes que nous causent quelques articles virulents contre Guesde ou quelques militants du socialisme. Il est vrai que j'ai trouvé dans la collaboration de quelques militants syndicalistes des assertions parfois erronées contre des camarades, que rien ne justifie : j'en suis d'accord, mais, en revanche, j'ai aperçu, depuis leur collaboration libre dans l'*Humanité*, un rapprochement très grand qui s'est fait entre les militants de l'action syndicaliste et ceux de l'action socialiste et l'article dont vous avez parlé, le dernier article de Latapie, dénote qu'il y a de là part de ces camarades une volonté absolue de faire que rien ne puisse empêcher le rapprochement.

D'un autre côté, croyez-vous que cette collaboration est une collaboration qui est bien vue par les libertaires ?

Vous éprouvez, citoyens, et avec raison, une aversion toute particulière contre certaines méthodes des libertaires qui ne sont pas celles de l'ensemble des Syndicats ouvriers, mais les travailleurs socialistes feraient mieux d'apporter davantage d'efforts à l'action syndicale, que de la critiquer au dehors, sans venir dans le sein même de l'action syndicale apporter leur collaboration.

Laissez-moi vous dire que les mêmes critiques que vous dirigez contre certains camarades qui collaborent à l'*Humanité* sont dirigées contre eux à la Confédération par certains libertaires qui font une lutte sourde à Griffuelhes, à Latapie, parce qu'ils collaborent à l'*Humanité*. A ce sujet, nous présenterons des observations lors de la discussion des rapports avec les Syndicats ; mais en ce qui concerne la collaboration des représentants des Syndicats à l'*Humanité*, il ne faut pas s'en émouvoir. En réalité, il faut le constater, l'*Humanité* se ressent encore des vieilles querelles socialistes ; il est des régions en France où l'on ignore complètement l'*Humanité*, où on fait tout ce qui est possible pour l'ignorer... Mais, ce n'est pas à cause de la collaboration de quelques syndicalistes : c'est parce qu'on accuse le journal de représenter une tendance et ce débat le prouve bien.

Constans. — C'est de la fantaisie.

Lauche. — Je crois que si nous voulons que véritablement l'*Humanité* devienne le journal du Parti, nous devons lui donner l'extension qu'il devrait avoir, et arriver à ce que les secrétaires des différentes sections en France en deviennent les correspondants réguliers ; arriver à ce qu'on ne voie pas certains faits que l'*Humanité* ne relate que par l'agence Havas, à ce que l'*Humanité* parvienne dans tous les groupements du Parti. Il faut la développer, c'est là le rôle des socialistes, et si vous questionnez les dirigeants de l'Humanité, depuis la collaboration des camarades de la Confédération, la progression dans la vente a eu lieu...

Bræmer.— Il y a 3.000 d'augmentation et pas plus. Il y a 21.000 numéros de vente dans le département de la Seine et 08.000 lecteurs socialistes dans le département de la Seine. Combien y a-t-il de membres de la Confédération générale du Travail ?... (*Mouvements divers.*)

Lauche. — Je constate ce fait qu'à Paris il y a un nombre de lecteurs trois fois plus grand par rapport aux membres du Parti Socialiste que dans d'autres régions où le nombre des socialistes est très grand et où le nombre des lecteurs de l'*Humanité* est presque infime.

Bræmer.— Au point de vue de la vente, la collaboration de la Confédération générale du Travail n'a rien donné et je mets au défi les administrateurs de l'*Humanité* de dire le contraire.

Lauche. — Le débat est simple... Le Congrès ne prendra pas la mesure que propose Compère-Morel.

En réalité, et il ne faut pas l'ignorer, il y a en France un fort mouvement syndical. Dans le mouvement syndical, il y a de fortes préventions contre le Parti Socialiste, préventions qui sont dues à de certains errements, à de certaines besognes qui ont eu lieu dans le passé et ces préventions, vous ne les enlèverez qu'à la condition que vous montriez que le socialisme n'a pas peur des Syndicats ouvriers, que l'ensemble des Syndicats ouvriers ne peut être qu'une action socialiste et vous ne les amènerez à l'action socialiste que par une collaboration assidue de tous les socialistes aux Syndicats ouvriers, en faisant que les membres du Parti soient avant tout et par dessus tout des syndiqués dans leurs corporations. C'est là où nos efforts doivent tendre, et quand on vient dire que l'*Humanité* doit se séparer d'une collaboration comme celle que nous avons actuellement, on irait à l'encontre du mouvement ouvrier. Voulez-vous des exemples ? Vous avez des journaux bourgeois, comme le *Matin*, qui recherchent depuis longtemps...

Guesde. — Le *Matin* partage certains collaborateurs avec l'*Humanité*. (*Mouvements divers.*)

Allemane. — Cela doit être le même Conseil d'administration...

Lauche. — Ce que je veux vous dire, c'est que le *Matin* recherche très particulièrement la collaboration de certains membres de la Confédération du Travail : il ne recherche pas cette collaboration parce que l'œuvre de la Confédération lui plaît, mais afin d'enlever à l'*Humanité* une certaine clientèle ouvrière... (*Exclamations.*)

Le *Matin* a fait appel à quelques représentants du mouvement ouvrier. Il y a là des citoyens qui ne sont pas du Parti, mais il y en a qui luttent dans le Parti, c'est à eux de faire la même chose que les autres citoyens. C'est aux camarades comme Renard, de collaborer d'une façon suivie à l'*Humanité* et c'est en montrant cette liberté, en démontrant que le socialisme peut faire une besogne suffisante, que la collaboration des camarades de la Confédération fera du bien au socialisme. *(Applaudissements.)*

Renaudel. — Notre camarade Constans a cru voir une insinuation dans la note du Conseil d'administration publiée par l'*Humanité.* L'interprétation du citoyen Constans m'a été particulièrement sensible ; je suis, en effet, le rédacteur de la note de l'*Humanité.* Mais je ne fus pas seul, et je veux dire au citoyen Constans, qu'il y a eu collaborant avec moi, les citoyens Dubreuilh, Bracke et Latapie. Si le passage en question a été mis dans la note, c'est même un peu malgré mon avis personnel et seulement parce que cela avait été particulièrement demandé par notre camarade Bracke. Il est utile de rappeler ici comment les choses se sont passées : lorsque l'incident Griffuelhes se produisit, la Commission Administrative Permanente chargea ses délégués au Conseil d'administration d'indiquer la solution que le Parti désirait donner à l'incident. Une discussion fut instituée ; certains camarades déclarèrent, Bracke en particulier, que les attaques personnelles contenues dans l'article Griffuelhes n'étaient pas de nature à arrêter un seul moment leur attention.

Bracke. — J'ai dit que ce n'était pas ce qui m'avait blessé.

Renaudel. — Ils ne s'étaient montrés blessés que du début de l'article disant qu'il y aurait au Congrès de Nancy une déclaration de guerre contre le mouvement syndical et ils disaient qu'il n'était pas possible que dans le journal du Parti, une telle accusation fût portée sans qu'il y eût une protestation. C'est pour répondre à cette préoccupation que la note de l'*Humanité* a indiqué que « s'il y a des divergences sur la conception de l'action syndicale, elles ne sauraient prendre l'aspect d'une lutte contre le mouvement syndical lui-même ».

Je dis que ce n'était pas mon sentiment personnel, car dans cet article, il n'y a, je le dis nettement, qu'une chose qui m'a blessé, c'est l'âpreté de la polémique personnelle. Mais, puisque la discussion qui est engagée en ce moment est un prélude de celle qui s'ouvrira demain... *(Interruptions, cris de : non, non !)*... Que vous le vouliez ou non, la collaboration dont il s'agit est donnée à l'*Humanité* par des hommes qui sont les représentants, ainsi que le disait Lauche, de la Confédération générale du Travail, ils sont investis par elle d'un mandat ; c'est comme tels que l'on s'est adressé à eux. Si, dès maintenant, vous preniez une décision qui reviendrait à dire que la collaboration de ceux qu'on appelle quelquefois les dirigeants de la Confédération générale du Travail serait supprimée à l'*Humanité*, par là même vous engageriez le fond du débat. Ce serait vouloir connaître par avance le résultat de la discussion qui aura lieu sur la question syndicale.

Constans. — Si on voulait dégager le Parti, il eût été simple et non équivoque de dire que s'il pouvait y avoir des divergences en ce qui concerne l'action syndicale, jamais le Parti n'accepterait de lutter contre l'action syndicale. Votre rédaction est équivoque. Et quand on dit que nous voulons supprimer la collaboration de certains syndicalistes à l'*Humanité*, ce n'est pas exact, mais ce que nous voulons, c'est que dans l'*Humanité*, on ne fasse pas la guerre au socialisme.

Compère-Morel. — Ce n'est pas aux dirigeants de la Confédération Générale du Travail que nous pensons, mais aux anarchistes. (*Protestations.*)

Renaudel. — Vous englobez trop facilement dans l'anarchie tous les camarades qui sont dans les Syndicats et qui ne sont pas du Parti. *(Approbation.)* Je sais bien qu'il y a dans les Syndicats des anarchistes, mais il y a aussi des socialistes qui ne sont pas du Parti, car tous les socialistes ne sont pas encore dans le Parti, de même qu'il y a des anarchistes ou prétendus tels qui poussent jusqu'au bout la conception de l'organisation nécessaire à la classe ouvrière. Si vous déclariez qu'il n'y a pas en dehors du Parti des socialistes, il faudrait que vous déclariez immédiatement la faillite de vos voix électorales. *(Applaudissements.)* C'est, en tous cas, une méthode trop commode de déclarer que tout ce qui n'est pas d'accord avec vous est obligatoirement anarchiste. Mais, je n'insiste pas : lorsque la question sera discutée, il y aura sans doute ici des camarades qui prendront la défense des éléments purement syndicalistes de la Confédération.

Je veux maintenant répondre à notre camarade Brœmer. Qu'il me permette de dire que les chiffres cités par lui sont un peu inexacts. Je suis membre du Conseil d'administration de l'*Humanité* ; avec autant de passion que j'avais voulu jadis l'unité du Parti, j'ai voulu ensuite que l'*Humanité* représentât l'ensemble du Parti, et tous ceux qui connaissent mon action à ce journal, savent que si aujourd'hui, les liens de *l'Humanité* avec les organisations socialistes sont plus forts qu'ils ne l'étaient jadis, j'y ai contribué largement pour mon compte. Je puis donc dire que m'intéressant à *l'Humanité*, j'en connais, moi aussi, les détails d'administration. Eh bien, je puis vous dire, citoyen Brœmer, que lorsque vous parlez d'une augmentation de 3.000 numéros, vous vous trompez. Au 1er janvier, *l'Humanité* vendait, je ne dis pas dans le département de la Seine, mais à Paris, 10.000 numéros par jour; à l'heure actuelle, la vente oscille entre 15 et 16.000; par conséquent, l'augmentation n'est pas de 3.000, mais de 5 ou 6.000.

Brœmer. — Je parle seulement des trois mois...

Renaudel. — Si vous voulez remonter à une date antérieure, les chiffres seront encore plus démonstratifs, car avant le 1er janvier, la vente n'était pas de 10.000, mais de 7 à 8.000; l'argument que vous invoquez tombe donc singulièrement à plat.

Mais je dois dire que je n'attribue pas pour mon compte à la seule collaboration des syndicalistes à *l'Humanité,* cette augmentation de la vente de notre journal; il y a des causes multiples, cela en est une. Il est bien évident que l'effort fait par la Fédération de la Seine en faveur de *l'Humanité* y est au moins pour autant que la collaboration de la Confédération générale. Et puisque nous devons ici parler en toute franchise, je suis convaincu que si, dans le Nord, l'organisation socialiste avait fait pour *l'Humanité* un effort aussi considérable que celui de la Fédération de la Seine, l'augmentation se fût aussi manifestée dans le Nord.

J'entends bien que l'on peut invoquer, dans le Nord, que *l'Humanité* n'est pas un journal local et qu'elle a à lutter contre la concurrence du *Réveil du Nord;* je le sais, mais je sais aussi que si le *Réveil du Nord* a soutenu récemment vos candidats aux dernières élections au Conseil général, il a d'une façon constante soutenu le ministère Clemenceau. Il y avait donc pour nos camarades du Nord un intérêt à lutter pour le développement du journal du Parti contre les tendances du *Réveil du Nord.* (*Approbation.*)

Ceci dit en passant, je considère que ce serait une faute considérable pour le Parti Socialiste aujourd'hui de déclarer qu'il entend rompre brutalement la collaboration qu'il avait sollicitée, ou que tout au moins l'*Humanité* sous sa forme ancienne avait sollicitée des membres de la Confédération générale. Je ne reviens pas sur les idées générales développées par Jaurès; il est évident que si vous voulez qu'entre la C. G. T. et le Parti Socialiste soient dissipés tous les malentendus, il est indispensable que les syndicalistes et les socialistes puissent s'expliquer nettement. Notre camarade Guesde ne peut-il collaborer à l'*Humanité ?* A-t-il jamais vu l'*Humanité* refuser d'insérer quoi que ce soit de lui ? N'a-t-elle pas sollicité son concours ? N'y a-t-il pas là par conséquent les garanties d'impartialité indispensables à une libre discussion ? N'est-ce pas comme cela qu'on pourra dissiper les équivoques ? Pour moi, je demande énergiquement au Congrès de s'associer purement et simplement à la décision du Conseil d'administration de l'*Humanité* dans lequel se trouvent des représentants de toutes les fractions du Parti. J'ajoute que vous avez au secrétariat de la rédaction un de vos camarades; s'il était momentanément absent, ainsi que notre camarade Jaurès en ce moment, il n'y en a pas moins là des garanties d'impartialité indéniables. Je vous demande la permission de vous relire cette note, je prétends qu'elle donne satisfaction au plus chatouilleux d'entre nous :

Un récent article du citoyen Griffuelhes a soulevé quelque émotion dans les organisations et parmi les militants socialistes.

Cette émotion a été ressentie par la *Rédaction* et par le *Conseil d'administration* de l'*Humanité*.

Dès le premier moment, on eût pu indiquer que si, dans le Parti, il y a des divergences sur la conception de l'action syndicale, elles ne sauraient prendre, de la part des uns ou des autres, l'aspect d'une lutte contre le mouvement syndical lui-même.

Mais il est apparu qu'aucune individualité, dans ce journal qui veut s'efforcer à l'action collective, n'avait à se substituer au *Conseil d'administration* dans l'examen de la suite qu'il convenait de donner à l'incident.

Le Conseil a décidé de rappeler que la liberté des écrivains qui collaborent à l'*Humanité* devait rester illimitée pour le bien des libres discussions qui peuvent, ici, s'instaurer sur les questions de tactique ouvrière et socialiste.

Le Conseil rappelle les engagements qui ont été pris en particulier, tant par la direction politique que par les camarades qui ont assumé la tâche de la tribune syndicale.

Le citoyen Jaurès écrivait le 10 août.

« La classe ouvrière est majeure : elle peut supporter la diversité des vues et des conceptions, pourvu que tout l'effort soit sincèrement dirigé vers sa libération totale. L'avènement du collectivisme ne sera pas, pour les travailleurs, une tutelle nouvelle ou d'intellectuels ou de bureaucrates : ce sera vraiment la souveraineté du travail organisé. Cette souveraineté directe, cette action autonome, les travailleurs en font dès maintenant l'apprentissage dans les Coopératives et leurs Syndicats. Cette autonomie, ils doivent l'exercer aussi dans l'ordre de la pensée en soumettant à leur libre critique toutes les théories, toutes les tactiques, toutes les formules d'émancipation qui leur sont proposées par des esprits libres.

« Ce qui importe, c'est que les divergences de vues ne soient pas aggravées par des malentendus. Or, rien n'aggrave les malentendus comme l'ignorance. A expliquer, à préciser devant un même prolétariat leurs thèses diverses, les militants apprendront à se mieux connaître, j'entends à mieux comprendre les idées les uns des autres. »

Le 12 août, nos camarades Griffuelhes, Latapie, Lenoir et Pouget écrivaient à leur tour :

« Le citoyen Jaurès a défini ce que sera la Tribune que nous ouvre l'*Humanité* : liberté entière pour ses collaborateurs.

« Il ne pouvait qu'en être ainsi : il est bien évident que nous aurions décliné toute collaboration impliquant de notre part une restriction à nos idées ou supposant un contrôle, quel qu'il fût.

« En nos discussions quotidiennes nous serons amenés à préciser ici ces caractères d'opposition au patronat, et, il ne faut pas se le dissimuler, en maintes circonstances nous nous trouverons en complet désaccord avec d'autres collaborateurs de ce journal. Nos thèses se heurteront et se combattront avec toute la courtoisie nécessaire et il appartiendra au lecteur de nous départager. »

Donc, aucune limitation à l'exposé des idées, autre que l'engagement réciproque d'éviter les polémiques personnelles, qui s'engendrent en s'envenimant les unes les autres, et pourraient rompre une harmonie dont le journal et les organisations pourraient avoir à souffrir.

L'*Humanité*, ouverte ainsi à tous, croit pouvoir compter sur la bonne volonté de tous pour éviter soit que l'incident qui a donné naissance à cette note ait d'autres suites, soit que surgissent d'autres incidents préjudiciables à la seule libre discussion.

LE CONSEIL D'ADMINISTRATION
DE L' « HUMANITÉ ».

Je demande au Congrès de ratifier cette note et, pour le surplus, de passer à l'ordre du jour. *(Approbation.)*

Cambier. — Je voudrais demander à Renaudel s'il y a un fait qui a échappé à sa perspicacité, c'est qu'en même temps que la collaboration de ceux qui préconisent l'abstention en matière électorale devient plus intense dans l'*Humanité*, il y a dans la Seine un nombre d'abstentions plus grand, comme cela s'est produit aux élections municipales où il y eu un tiers d'abstentions...

Renaudel. — Je crois qu'en ce qui concerne les abstentions, on se sert d'un argument trop facile. Si véritablement tous les abstentionnistes, en temps de campagne électorale, étaient des anarchistes, nous n'aurions qu'à nous en féliciter, parce que cela prouverait qu'à côté des socialistes, il y a un nombre considérable d'individus qui seraient disposés à lutter contre la société bourgeoise et capitaliste. *(Approbation et protestations.)* Mais les causes d'abstention sont tout à fait différentes. L'abstention a presque toujours sa source dans l'indifférence de gens qui ne sont ni des votards, ni des antivotards, et qui ne sont pas plus dans le mouvement coopératif ou dans le mouvement syndical que dans le mouvement socialiste. Vous savez bien que, par exemple, pour les élections au Conseil général les abstentions proviennent surtout de ce fait que ces élections n'ont pas aux yeux de la classe ouvrière l'importance que prennent des élections législatives ou même municipales. D'ailleurs, il s'agit en ce moment simplement de la tribune syndicale de *l'Humanité*, et quand bien même l'observation de Cambier serait juste, je ne serais pas de ceux qui prétendraient qu'il ne faut pas, dans *l'Humanité*, une tribune syndicale avec représentation de toutes les tendances de la Confédération.

Lauche. — Les promoteurs de la campagne abstentionniste ont reconnu eux-mêmes qu'il n'y avait pas lieu de poursuivre cette campagne.

Marius André. — Ils n'auraient pas mal fait de dire cela à Saint-Quentin.

Renaudel.— L'incident a été soulevé par un prétendu anarchiste qui avait signé une affiche du nom de Renard, espérant qu'une équivoque pourrait se produire ; celui-là n'était pas même un anarchiste, vous le savez, mais un policier que les anarchistes ont eux-mêmes chassé de leurs rangs. Il ne faut donc pas dire qu'à Saint-Quentin, l'abstention anarchiste a joué un rôle ; il y a eu seulement le jeu des partis politiques en période électorale. (*Voix diverses :* Ce n'est pas là la question.)

Collignon. — Dans *l'Humanité*, il y a continuellement certaines tendances du Parti qui sont combattues et quand elles veulent répondre, comme a essayé de le faire Sixte Quenin, il leur est interdit de repondre. Sera-t-il possible, d'autre part, qu'avant même qu'une note paraisse dans le *Socialiste*, Griffuelhes en soit avisé et puisse y faire allusion dans un article écrit le jour même, à un moment où il ne pouvait encore connaître cette réponse.

Renaudel. — La façon dont Collignon interprète les faits est véritablement singulière. Il ne s'agit plus maintenant de la tribune syndicale, mais d'attaques à ce qu'il appelle une tendance. Nous qui avons été partisans de l'unité, nous ne disons ni notre fraction, ni notre tendance. Nous avons fait place au Conseil d'administration de *l'Humanité* à tous les hommes qui, dans le Parti, peuvent avoir des vues et des idées différentes. Renard pouvait répondre à Griffuelhes s'il l'avait voulu. Si l'article de Sixte Quenin a été retardé, ce n'était pas pour le montrer à Griffuelhes, mais simplement parce qu'il y avait d'autres tribunes syndicales qui attendaient, et parce qu'en envoyant son article, Sixte Quenin demandait qu'on lui écrivît et négligeait de donner son adresse ; sitôt qu'on a pu prendre contact avec lui, on lui a annoncé que son article paraîtrait et il a paru. Vous savez qu'il y a, au Conseil d'administration de *l'Humanité*, et Lafargue et Bracke, des représentants de ce que vous appelez votre tendance; c'est faire injure à ceux qui pensent comme vous de supposer qu'ils laisseraient passer des faits comme celui que vous supposez, sans une protestation. S'ils n'ont pas fait de protestation, c'est qu'il n'y en avait pas à faire, et à cette heure même ils sont au Congrès, ils n'en feront pas davantage.

Collignon. — Quelques camarades et moi avons rédigé une protestation publiée par *le Socialiste* de cette semaine. Ce numéro a paru avec un jour de retard, il n'a été connu du public que vendredi matin; or, vendredi matin, également, paraissait l'article de Griffuelhes qui faisait allusion à notre réponse. (*Protestations.*)

Renaudel. — Je suis prêt à ne pas vider l'incident, si le Congrès suppose qu'il n'y a pas intérêt pour lui à être renseigné. J'avoue que je n'ai pas encore eu le temps de lire le *Socialiste* de cette semaine, et je ne sais ce qui s'est passé, mais enfin, si *l'Humanité* a publié une note sur la question, c'est parce qu'elle avait eu connaissance par *le Socialiste* lui-même de la note en question. Quelle indiscrétion aurait pu être commise ? Ceux qui rédigent *le Socialiste* s'appellent Dubreuilh, Bracke; Dubreuilh était avec moi jeudi à Nancy, il n'y avait que Bracke qui eût pu commettre l'indiscrétion. La supposition serait ridicule.

Collignon. — La note n'a pu être connue par Griffuelhes que par le service du *Socialiste* fait à *l'Humanité;* je dis qu'il n'y a pas là un simple incident, mais une campagne systématique contre certaines fractions de la Confédération qui ne vous plaisent pas. (*Protestations.*)

Renaudel. — Il s'agit maintenant de la note signée Roland, Beuchard, Jean Martin, Collignon et autres camarades. Si cette note a été connue, c'est sans doute, non parce que les rédacteurs du *Socialiste* l'ont fait connaître, mais parce que vous, les signataires, vous en avez parlé le mardi soir à la Commission Administrative Permanente. Si on en a parlé là, on a pu en parler ailleurs, et s'il y a eu des indiscrétions, elles sont venues de vous-mêmes.

Hesse. — Je répondrai à l'impatience que manifeste le Congrès en abandonnant un certain nombre des arguments que je voulais fournir au sujet de la motion de Compère-Morel. Il en est cependant que je ne puis passer sous silence. Ainsi, lorsque le citoyen Griffuelhes dit que les ouvriers de Roubaix et du Nord ne sont pas suffisamment intelligents pour comprendre le socialisme, on proteste, et lorsque Compère-Morel dit que les ouvriers ne sont pas suffisamment intelligents pour distinguer entre les déclarations des rédacteurs de la tribune syndicale et les déclarations contraires des rédacteurs de la tribune politique, personne ne fait d'observations. Pour une fois, vous êtes beaucoup plus près de Griffuelhes que vous ne le croyez vous-mêmes. (*Rires.*)

D'autre part, je trouve que nos camarades ont l'épiderme un peu sensible et ne font pas attention qu'eux-mêmes écorchent l'épiderme des autres sans le vouloir. Lorsqu'on les attaque, ils le sentent et ils crient, mais lorsque dans leurs motions, ils disent que nous sommes complices de la réaction, que nous entraînons le prolétariat dans des déviations, ils trouvent que cela n'a pas d'importance. Or, ce sont là des motions discutées à Limoges et sur lesquelles on a voté; elles ont été discutées dans toutes nos Fédérations. Nous trouvons tout à fait désagréable d'être publiquement traités de complices de la réaction... (*Interruptions.*) Je pense qu'on s'empresse un peu d'atténuer par avance les questions et qu'on fait un peu trop fond sur la naïveté des camarades des Fédérations de province. Il me semble que puisque la question devait être discutée, nos camarades auraient pu attendre un peu avant de faire passer la motion acceptée à la Fédération du Nord et dirigée contre *l'Humanité,* attendre que l'incident soit vidé, que nous nous soyons expliqués entre nous. Vous pouviez attendre avant de prendre la résolution suivante :

Le Congrès considère que ce n'est pas au moment où le journal l'*Humanité* insère contre nos organisations des insultes et des attaques que rien ne justifie, qu'il peut faire en sa faveur un sacrifice pécuniaire et passe à l'ordre du jour.

Je dis qu'on veut boycotter *l'Humanité* avant même d'avoir entendu les explications des intéressés. (*Protestations.*)

Delory. — Nous suspendions un vote d'argent, jusqu'à ce que nous ayons les explications. La Commission administrative du Comité fédéral avait proposé une somme de 1.000 francs et c'est parce qu'il y avait des attaques que nous avons dit : Nous verrons plus tard. (*Rires.*)

Hesse. — Et on vote en même temps 1.000 francs pour la création d'un organe périodique !

Mais je demande à quoi tend cette discussion préjudicielle et longue sur la question de *l'Humanité,* puisqu'il résulte de la déclaration même de nos camarades que ce ne sont pas les insultes dirigées contre Guesde qui les inquiétaient, mais plutôt, Bracke, paraît-il, le disait au Conseil d'administration de *l'Humanité,* le passage où Griffuelhes déclarait que la motion de la Dordogne était une motion contre les Syndicats. Vous auriez voulu qu'à ce propos nous déclarions, nous, qu'il n'entrait pas dans notre pensée de considérer que les camarades n'ayant pas notre tendance voulaient, en votant une motion qui n'était pas la nôtre, déclarer la guerre aux organisations syndicales. Vous vouliez ainsi par un artifice nous priver d'un de nos meilleurs arguments, d'un argument que nous ferons valoir (lorsque la discussion sur le fond viendra) contre la motion de la Dordogne. Nous dirons et nous tâcherons de démontrer que la motion de la Dordogne est une déclaration de guerre contre la Confédération générale... (*Protestations ; cris : c'est faux !*) Constans ne pouvait pas s'empêcher d'entrer dans le vif de la question, parce qu'en effet, dans votre pensée, les deux questions sont liées. Or, à l'heure actuelle, je crois que vous êtes suffisamment éclairés et que le Congrès ne laissera pas entamer maintenant, à propos d'une question subsidiaire, le problème des rapports entre l'action syndicale et l'action politique.

Ducos de la Haille. — La discussion est assez avancée, elle est assez dégagée de ses détails pour qu'il ne s'agisse plus dans cette affaire de *l'Humanité* que d'une question générale. Il me semble toutefois que le débat a été mal engagé ; on a discuté le droit de *l'Humanité,* organe officiel du Parti Socialiste, à admettre telle ou telle collaboration. Eh bien, est-ce que *l'Humanité* est l'organe officiel du Parti ?

Une voix. — Elle passe pour l'organe officiel.

Ducos de la Haille. — *L'Humanité* sera peut-être un jour l'organe officiel de la classe ouvrière organisée, mais n'oubliez pas dans quelles conditions elle vient tout juste de devenir nôtre, après avoir été dans les mains d'un Conseil d'administration capitaliste. Il a fallu la loyauté, le dévouement du citoyen Jaurès pour transformer cette société capitaliste en un embryon de propriété socialiste. A ce moment, on a cherché des représentants du Parti politique et du Parti économique, des représentants des Coopératives ; nous avons pu, nous, envoyer au Conseil d'administration de *l'Humanité* de véritables délégués, nommés par le Conseil National et la Commission Administrative Permanente.

L'organisation, la représentation a été moins parfaite de la part des Coopératives et des organisations économiques, mais quand même, ce sont les représentants du parti politique, du parti coopératiste et du parti syndical qui constituent aujourd'hui le Conseil d'administration de *l'Humanité*. Et vous voulez, vous, maintenant, alors que vous êtes un des trois contractants, mettre la main sur le Conseil d'administration tout entier en disant : c'est notre doctrine, c'est notre tactique que nous allons imposer. Que faites-vous des autres ? Non, la base du contrat, c'est l'égalité de tous, la liberté pour tous ; il peut y avoir dans la liberté des moments difficiles et douloureux, mais elle porte en elle-même sa récompense, et vous n'avez pas le droit d'essayer de ligoter ceux qui ne pensent pas comme vous. (*Protestations.*)

La véritable question est celle-ci : avez-vous le droit de discuter la liberté de parole du syndicalisme dans le journal, alors que celui-ci n'est pas l'organe officiel du Parti Socialiste ?...

Je sais bien qu'il y a eu des attaques personnelles inexcusables, mais après les avoir regrettées, je dis que la question de principe reste seule. On a bien fait de rappeler qu'il y avait eu des engagements de courtoisie qui n'ont pas été tenus, mais le Conseil d'administration a donné satisfaction à Guesde...

Guesde. — Je n'ai rien demandé.

Ducos de la Haille. — Vous avez reçu satisfaction sans demander quoi que ce soit.... Vous avez eu l'auréole du martyre... (*Protestations.*)

Compère-Morel. — C'est ridicule.

Une voix. — Ce sont les arguments de Gérault-Richard. (*Rires.*)

Ducos de la Haille. — Le citoyen Guesde a reçu deux fois satisfaction puisqu'il n'a rien demandé et qu'il a été vengé. Nous, nous avons été heureux de lui voir rendre cette justice. Tout le monde est content. J'arrive à ma conclusion.

Je dis qu'il n'est pas possible que le contractant politique impose sa volonté aux autres, qu'il dise : il n'y aura pas de liberté dans le développement de la pensée syndicaliste, il n'y aura pas de liberté dans le développement de la pensée économique.

Constans. — Ils ont leurs journaux.

Ducos de la Haille. — Ils ont une partie du nôtre. Aujourd'hui, vous voulez faire taire le syndicalisme, demain, vous voudrez faire taire le coopératisme, et après-demain, quand l'organisation politique sera seule maîtresse, vous voudrez faire taire les tendances d'à côté, vous tenterez une main-mise d'une fraction... (*Vives protestations*)... Je dis que quand vous aurez tout pris pour l'organisation politique, vous prendrez tout pour une tendance et qu'après avoir supprimé la liberté des organisations à côté, vous organiserez simplement le triomphe d'une chapelle. Eh bien, il y a deux théories, deux conceptions : ou bien l'*Humanité* sera le journal de la classe ouvrière, ou bien ce sera l'organe étroit d'un fragment du Parti. Ou bien vous en ferez une voix orthodoxe, chargée de l'exposé du dogme, en prêchant l'exégèse, ou bien *l'Humanité* représentera toute la vie ouvrière avec ses luttes et ses combats de tous les instants : elle sera ouverte à des hommes qui poursuivent un idéal analogue avec des moyens différents, parfois même semblant se combattre les uns les autres, au hasard de la mêlée, mais marchant, en dépit d'eux, vers le même but. Que veut-on véritablement ? Le champ de bataille vaste du prolétariat, la liberté de la pensée, ou je ne sais quel local obscur où éclate la voix révélée ? Que quelques-uns parlent de haut et que tous suivent... (*Interruptions diverses.*) Veut-on cela ? Qu'on le dise !

Lavaud. — Je suis profondément étonné des attaques de certains délégués à l'égard de la C. G. T. En ma qualité de membre de cette organisation ouvrière, je tiens à me solidariser avec elle pour tout ce qui concerne son agitation syndicaliste.

Au lieu de maugréer ici, il vaudrait mieux faire son examen de conscience !

En dehors des malentendus provoqués par quelques libertaires, on ne veut pas observer le début du conflit que je connais, ayant été délégué en 1896 au Congrès international de Londres.

Des élus socialistes, dont plusieurs sont ici, interprétèrent alors, d'une façon autoritaire, le fameux article 11 du Congrès de Zurich, en se livrant à un interrogatoire sur l'opinion politique personnelle des représentants des Syndicats. Ils prétendirent, par contre, parce que députés, qu'ils n'avaient à fournir aucun mandat régulier.

Très habilement, les anarchistes ont aggravé cette situation déjà fâcheuse.

Aujourd'hui, la rupture est complète, mais est-ce que ceux qui se plaignent ont fait tout leur devoir ? Certes, aujourd'hui, des ex-adversaires intransigeants de la C. G. T. y viennent dûment mandatés, et c'est justement ce zèle tardif qui est suspecté ; ils semblent intéressés politiquement. Ensuite, si les membres du Parti Socialiste étaient à leur Syndicat, nous n'aurions pas à enregistrer des représentations faussées. Je puis citer au hasard deux villes que je connais, Limoges et Saint-Claude, dont l'élément syndical est loin d'être libertaire et qui pourtant, sont, à la Fédération des Bourses, représentées par des anarchistes. A qui la faute ?

Que la C. G. T. mène sa propagande comme elle l'entendra, rien de plus juste, et je la félicite de ne pas compter exclusivement sur le bulletin de vote pour l'affranchissement économique du prolétariat, mais il est à désirer que son recrutement corresponde, aussi exactement que possible, à l'opinion de ses mandants. Elle y gagnera en force morale et en sincérité, et son action sera fatalement plus loyale à notre égard ; mais restons chacun chez nous.

Quant à nous, socialistes syndicalistes, au lieu de nous livrer à des critiques amères, obligeons tous les nôtres à se syndiquer, à prendre des responsabilités dans leur Syndicat, dans les Unions, dans leurs Bourses du Travail. Si nous faisons tout notre devoir, au lieu de nous plaindre, de nous méfier, entre Parti et C. G. T., nous verrons la force ouvrière syndiquée aider forcément le Parti dans son action révolutionnaire. Cela est fatal. Il nous faut vouloir et agir sincèrement pour obtenir ce puissant résultat.

Besombes.— Personne n'ignore ce qui s'est passé : on était en guerre ouverte; si je dis guerre ouverte, c'est parce que la Confédération générale du Travail avait pu invoquer des arguments comme ceux qu'invoquait Lavaud, d'une part, et d'autre part, les faits parlementaires. On a voulu, dans *l'Humanité*, donner à tout le monde la possibilité de se faire comprendre et d'écrire librement. Si nous avions à nous plaindre de leurs tendances et s'ils avaient à critiquer les nôtres, il fallait ne pas accepter leur collaboration. On savait très bien que des critiques seraient faites sur l'ensemble de la tactique, et que l'*Humanité* ne pourrait servir à ceux à qui on fait reproche aujourd'hui qu'à éclairer les leurs du monde ouvrier. Et puis, après que *l'Humanité* a périclité, on a fait dans toute la France, et Jaurès principalement à Paris, un appel désespéré. Mais qui a répondu à l'appel désespéré du Parti Socialiste ? Ce sont les organisations ouvrières elles-mêmes ; vous avez fait appel à leur concours ; vous leur avez demandé de fonder une Société nouvelle, d'acheter des actions. Il y a des camarades syndiqués de la Confédération qui ont des actions de l'*Humanité*; il y a même des Syndicats de la Confédération Générale qui en ont. Allez-vous leur déclarer : Après avoir souscrit, vous pouvez vous retirer; nous vous chassons de la collaboration du journal. Que vous le vouliez ou non, il y a augmentation du journal l'*Humanité* et non diminution. Si l'on vous apportait un bilan contraire, montrant que l'*Humanité* a périclité, et que ce sont les attaques de la Confédération qui ont amené cette diminution, vous auriez raison; mais comme il y a progression, non seulement dans la Seine, mais ailleurs, vous n'avez pas le droit de faire des critiques acerbes contre la méthode d'action de l'*Humanité*. Si vous voulez en avoir la preuve, vous pouvez voter avec un cœur léger la proposition de Compère-Morel; demain, il y aura diminution des lecteurs.

On a dit que ce ne sont pas les anarchistes qui lisent l'*Humanité*. Il ne faut pas voir le spectre de l'anarchie partout; des anarchistes, on en voit jusque dans sa chambre. L'ensemble de la Confédération Générale n'est pas anarchiste; ce sont des représentants qui ont des vues particulières du socialisme révolutionnaire, rien de plus, rien de moins. Je vous demande si vous voulez créer, contre l'organe du

Parti Socialiste, une division. Voyez dans les souscriptions pour l'*Humanité*, qui a souscrit ? Ce sont les Syndicats adhérents à la Confédération Générale. Je dis que si nous voulons conserver notre bonne tactique, il ne faut pas priver notre organe de l'expression des tendances intégrales de la classe ouvrière. Il faut soutenir l'*Humanité* et repousser la motion de Compère-Morel. Autrement, nous allons à la faillite non pas du socialisme, mais du seul organe socialiste. Si c'était un organe bourgeois, vous auriez le droit de tenir ce langage, mais ce n'est pas le cas. Il y a, lorsque des camarades nous critiquent, des hommes qui sont assez lucides pour pouvoir répondre comme il le faut à la Confédération Générale. Quant à nous, nous ne prenons pas la responsabilité de désagréger l'ensemble du Parti et nous vous demandons de repousser la motion de Compère-Morel, parce que ce serait la faillite du seul journal qui défend la classe ouvrière.

Révelin. — Je veux vous rappeler tout d'abord que lorsque l'*Humanité* a été réorganisée, vous avez confié à Jaurès la direction politique du journal et partagé, par une décision du Parti, entre Duc-Quercy et moi les fonctions de secrétaire général de la rédaction.

Pendant le premier mois, j'ai rempli seul mon office de secrétaire général. Puis Duc-Quercy est venu et nous avons travaillé ensemble dans un esprit de bonne entente et de parfaite camaraderie. Il n'y a jamais eu aucune difficulté entre nous. A partir du moment où Duc-Quercy a été appelé dans le Midi, où il y a été retenu par les événements que vous savez, j'ai supporté de nouveau seul tout le poids de la fonction que je devais à la confiance du Parti.

Qu'avons-nous fait à l'*Humanité* pour mieux servir les intérêts du Parti Socialiste et de la classe ouvrière ? Nous avons fait un journal plus varié et plus vivant. Nous avons combattu le gouvernement et le capitalisme. Nous avons fait un journal d'opposition.

La tribune politique a été réorganisée. Toutes les tendances du Parti y ont été représentées. Nous avons élargi le cercle des sympathies et des amitiés autour de nous. Les rédacteurs de la tribune politique nous ont régulièrement donné leurs articles et cette collaboration régulière a été très appréciée.

Il n'en a pas été de même pour notre tribune syndicale. Quelques camarades, comme Coupat, Guérard, Keufer se sont un peu trop désintéressés d'un journal où ils avaient le droit et le devoir d'écrire et de défendre les tendances et les intérêts de leurs corporations. Il a pu sembler que notre tribune syndicale reposait sur une base moins large que notre tribune politique et que nous favorisions certaines tendances syndicalistes aux dépens des autres. Il n'en était rien, nous avons fait les plus grands efforts pour obtenir de tous nos rédacteurs syndicalistes une égale collaboration. Puisque Renard est ici, au milieu de nous, je veux dire qu'il est de ceux qui nous ont apporté le concours le plus constant et le plus régulier. *(Approbation.)*

Voilà ce que nous avons fait avec Jaurès, avec Duc-Quercy, avec tous les camarades de la rédaction et du Conseil d'administration. En même temps les camarades des Fédérations ont fait pour le journal, dont ils étaient en général satisfaits, une propagande active. Le nombre de nos abonnés et de nos lecteurs s'est accru. Il est en ce moment beaucoup plus grand qu'il n'était l'an dernier à pareille époque. La propagande continuera, mais il faut reconnaître que les résultats seront plus lents pour les régions éloignées de Paris que pour Paris et pour la petite ou la grande banlieue parisienne.

Telle est la situation. Un incident douloureux s'est produit. Doit-il nous émouvoir au point que nous devions modifier l'organisation actuelle du journal du Parti Socialiste et de la classe ouvrière ?

La rédaction vous donne toutes les garanties désirables. Le Conseil d'administration également. Rappelez-vous que le Conseil d'administration de la Société nouvelle de l'*Humanité* comprend dix-neuf membres. Dix d'entre eux ont été proposés comme administrateurs à la Société du journal par la Commission Administrative Permanente et par le Conseil National du Parti. Ils représentent au Conseil, où ils sont en majorité, les intérêts du Parti, dont ils reçoivent les instructions. A côté d'eux siègent deux délégués des Coopératives socialistes, et deux délégués des Syndicats. Les délégués des Coopératives ont été officiellement désignés par les Coopératives, les délégués des Syndicats ont été amicalement et officieusement choisis par des camarades syndiqués. Les cinq autres membres du Conseil sont du Parti. Quelles garanties voulez-vous de plus ?

Lorsque l'incident s'est produit nous étions, Jaurès et moi, absents du journal. J'étais en congé régulier et c'était depuis la réorganisation du journal ma première absence.

Si j'avais été au journal à ce moment-là, j'aurais essayé de faire ce que Jaurès vous a dit qu'il aurait essayé. Je me serais efforcé par une démarche personnelle d'éviter tout incident. Lorsque l'article de Griffuelhes a été publié, que fallait-il faire ?

J'ai cru qu'il convenait d'agir avec sang-froid et réflexion. J'ai estimé que nous n'avions, ni Jaurès ni moi, une autorité suffisante pour régler cette affaire. Il m'a semblé que, délégué du Parti et du Conseil d'administration, je devais en référer au Parti et au Conseil d'administration. C'est ce que j'ai fait en convoquant le Conseil d'administration, en avertissant Jaurès de cette décision, ainsi que Bracke qui avait envoyé une protestation au journal.

Entre temps, Lafargue répondait à l'article de Griffuelhes d'une plume alerte et vigoureuse.

Le Conseil d'administration a été convoqué et s'est réuni le lendemain du jour où s'était réunie, où avait délibéré la Commission Permanente du Parti. Ainsi les camarades du Parti, délégués au Conseil d'administration de l'*Humanité*, ont reçu du Parti des instructions précises, un mandat. La décision prise au Conseil d'administration a été conforme aux indications données par la Commission Permanente, il ne pouvait pas en être autrement.

Vous connaissez la déclaration du Conseil d'administration. Elle a été publiée dans l'*Humanité*. Elle est en réalité la déclaration de la Commission Administrative du Parti. En vous demandant de l'approuver, Renaudel vous demande d'approuver une décision unanime de la Commission Permanente.

Voilà comment l'incident a été réglé. Il y a au journal l'*Humanité* entre les rédacteurs des articles politiques et les rédacteurs de la Tribune syndicale un état d'égalité que vous ne devez pas détruire. Les membres du Parti désignés comme rédacteurs écrivent librement. Leur liberté n'a qu'une limite, c'est le contrôle du Parti. Les rédacteurs de la Tribune syndicale ne relèvent pas en tant que syndiqués de votre contrôle. Ils ont revendiqué et le journal leur a reconnu une liberté illimitée. Mais en revendiquant cette liberté, les rédacteurs de la Tribune syndicale ont déclaré que s'ils étaient amenés à combattre les thèses soutenues par les collaborateurs habituels du journal, ils le feraient avec une entière courtoisie envers les personnes.

La déclaration du Conseil d'administration a eu pour objet de dissiper toute équivoque, toute interprétation inexacte sur les sentiments et sur l'attitude du Parti Socialiste à l'égard des Syndicats ouvriers. Elle a eu pour objet de rappeler et de préciser les

www.ingramcontent.com/pod-product-compliance
Ingram Content Group UK Ltd.
Pitfield, Milton Keynes, MK11 3LW, UK
UKHW020158200726
13856UKWH00003B/1057